新装版

# 世界とびある記

兼高かおる

# 兼高かおるの軌跡

「世界早回り」の記録を打ち立て、デンマークでもらったドレスを着て、羽田空港に降り立ったところ。1958年7月。

1959年、ラジオ東京テレビ（KRT・現TBS）からラジオ番組『世界とびある記』のインタビュアーの仕事が舞い込む。これが好評を博し、数カ月後にテレビ番組『世界飛び歩き』になる（翌1960年に『兼高かおる 世界の旅』へ改題）。写真ははじめての海外取材から帰国した著者。羽田空港にて。1959年12月。

## 「世界早回り」で新記録を打ち立て、一躍“時の人”に。

アメリカ留学後、英字新聞などに寄稿していた著者は、「世界早回り」に挑戦することを思い立つ。当時、世界一周の最速記録はアメリカ人男性の89時間13分。しかし、スカンジナビア航空の新しい航路を使えば80時間を切れるのでは——。結果、73時間9分の新記録を樹立する。

1959年10月には処女作『世界とびある記』（本書の原本）も出版。写真は初版本。

## 日本がまだ世界で知られていない時代、着物で果敢に取材。

番組が始まった当時、日本人はまだ自由に海外へ出かけられなかった。女性が外国を旅してリポートする『世界の旅』は、海外紀行番組の先駆けとなる。

イタリア・ローマのトレビの泉の前で。着物姿が珍しく、大勢の人だかりができた。1959年8月。

フランス・パリのシテ島にて。1959年11月。

和服姿でローマの空港に降り立つ。1959年8月。

## お茶の間に海外のすばらしさを伝える番組は、大人気！

どこへでも出かけてゆき、数カ国語をあやつって現地の人と仲良くなれる著者の姿に、多くの日本人が憧れた。

エジプトのメンフィスにある博物館で、ラムセス2世の石像を前に。1977年2月。

アフリカ・チャドにて、ボロロ族の女性達と。1966年。

フィリピン・セブ島のシヌログの祭り。王妃の衣装を着て輿に乗る。1984年1月。

スイスのエッギスホルンにて、アルペンホルンに挑戦。1978年10月。

南極を初の日本人女性として訪ねる。1971年1月。

中国の新疆ウイグル自治区で、カザフ族の女性達と。1984年6月。

## 取材スタッフはたったの3人。すべてをこなすスーパーウーマン。

取材チームはカメラマンとその助手、そして著者の3人のみ。著者はプロデューサーにディレクター、ナレーターをこなし、そして時には自ら8ミリカメラもまわした。

ドイツのビューズムの海岸にて。レポーターとして画面にも登場。1960年7月。

海外取材から帰ると、次の取材に出かけるまでの間に編集作業を行なわなければならない。夜中までかかることもしばしばだった。1975年頃。

オパール採掘坑に降ろしてもらうところ。オーストラリアのクーバー・ピディにて。1972年10月。

## ケネディ大統領に、画家ダリ……。世界の著名人にインタビュー！

『世界の旅』にはさまざまな著名人が出演した。著者の幅広い知識と教養、チャーミングさがあってはじめて可能になったこと。

画家サルバドール・ダリ。スペインのカダケスにあるダリの自宅を訪問。1959年9月。

英国チャールズ皇太子。ウェールズのセント・ドーナッツ城にて。1987年4月。

米国ジョン・F・ケネディ大統領と。ホワイトハウスにて。1962年10月。

## 自分は生まれつきの“旅人”かもしれないなどと思ったりした。

――本文70ページより

1990年のテレビ番組終了後も、“世界の旅”は続いた。「『世界の旅』は入口で、後は皆さんの“世界の旅”をつくっていってほしい」。その言葉通り、旺盛な探究心で旅行を楽しんだ。

アメリカ留学の際に立ち寄った思い出の地、ハワイ・ホノルルで。2009年1月。

キューバのトリニダードで、チェ・ゲバラのTシャツと。2008年3月。

世界遺産のスペイン・セゴビアの水道橋にて。2009年7月。

## 三島由紀夫

兼高さんが無頼飛切りの美人であることは前から知っていた。
しかし早まわり世界一周で有名になった兼高さんと、
同一人物であることには、すぐ気がつかなかった。
それほどに男というものは盲目なもので、
美女に対しては、そのうちに隠された
才能や行動力や理智などが、なかなか見えてこないのである。
彼女の美貌に目をくらまされず、直にその美しい才智に
まず接することのできるこの本の読者は、
しかし果たして幸福だろうか、不幸だろうか。

——初版に寄せられた推薦文。

世界とびある記　もくじ

## II　台湾



## III　タイ

## VI　ホンコン

⊙本書本は一九五九年一〇月に光書房から刊行された『世界とびある記』の新装版です。

⊙漢字や送り仮名、句読点、地名などの表記は、現在、一般的に用いられるものに改めた箇所があります。

⊙本書は六〇年前の社会情勢や統計に基づいて書かれており、現在の現地の状況とは大きく異なります。

⊙本文中の（注）は、新装版のために編集部で追加したものです。

⊙一部差別的な表現を含みますが、当時の状況を鑑み、原文のままとしました。ご了承ください。

# I アメリカ

# アメリカ嫌いのアメリカ旅行

## ――ホノルルで思うこと

私の乗った飛行機がホノルルに着いたのは、現地時間で午後四時二三分。飛行機はなんの動揺もなく滑るように着陸した。

スチュワーデスが慌ただしげに通路を往来する。

「やっと着いたのだ」

ホッとして私は自分の時計を見た。自分が後にした東京になんとなく未練を感じるままに、時刻を直さなかった私の時計は、日本時間の午前一一時二三分を刻んでいる。

「三日前の私なら」とつい私は思ってしまう。「まだ麻布の家のベッドの中にもぐりこんで、そろそろママが起こしにくる頃、なんて思いながら、横着を決めこんで快眠をむさぼっているんだけど……」

いけない。いけない。私はこれで何度目か、同じことをきつくわが身にいい聞かせるのだ。東京に思いを残さないと誓ったはずではないか。

もう〝甘ったれのかおる〟じゃ通用しないのだ。

私はしゃきっと背筋を伸ばして、まず自分の時計を現地時間に直し、口に出してわれとわが身をはげました。

「かおる、さ、勇気を出して……」

むろん、誰も聞いていないと思ったのだ。

ところが意外にも、私の隣に座っていた年配のアメリカ人がニコニコしながら肯いた。

「ダイジョウブ、シンパイアリマセン」

巧みな日本語だ。私はギョッとした。

「カナシクアリマセン、オジョーサン」

そして、いかにも愉しそうに笑い出したのである。

穴があったら……というのは、こんな時の気持ちをいうのだろう。私はすっかり狼狽してしまった。というのは――

実は、両親や兄や友人に見送られて、羽田ではまるで未開地に行く女探検家のように颯《さっ》爽《そう》とした気分だった私は、タラップを駆け登り、座席にきちんと座ってみて、さてプロペラがブルンブルンとうなりだすと、なんだか急にせつなくなり、飛行機が東京上空をまわっているうちに、なんと、意に反して（？・）ポロポロと涙が出てきてしまったのである。そしてやっと涙がおさまると、今度は無性にいらいらしてきて、しまいには私が好んでアメリカに行くのではなく、ていよく日本を追い出されたような錯覚に陥って、猛烈に口惜しくなってきたのだった。

私はその時、あらぬことをブツブツ呟いたに違いない。それをこの日本語のわかる紳士はみな聞いていたのだ。その時の私の表情は、きっと百面相のようにめまぐるしく変転したに違いない。それをこのアメリカ人は、ニタニタと観察していたのだろう。

なんてイヤな奴なんだろう。私は自分の愚かさは棚に上げて、思わずそのアメリカ人をキッと睨《にら》んでしまった。

さすがに驚いたのだろう、彼は面喰らったように表情をゆがめ、ブツブツ呟きながら飛行機から降りるべく席を立って行った。

私ははじめての大旅行にすっかり気が立っていたのだ。

ハワイは思ったよりも大きい、というのがタラップを降りて、まず感じた私の素朴な第一印象である。なにしろ地図では洋々たる太平洋の真中にポツンと黒点が記され、ハワイ諸島などと書かれてあるから、私は小さな島ぐらいに錯覚していたのだ。ところが少女の頃、夢見ていたような島とはまったく違う、大きい美しい街なのである。

トランクの検査官は、私の気負ったような顔を見てニヤッと笑い、蓋を開けただけでOKだった。

きっと私はすっかり上気してしまっていたのに違いない。ホノルルの空港を出ても、さてこれからどうしようなどと考えもせずに、ボウッと突っ立っていた。

すると一人の黒人が大股に近寄ってきて、友達が見えています、という。見ると、四〇歳ぐらいの日本人がニコニコ笑いながら近寄ってきて、「Kです。兼高さんですね」というなり、プンプン香るレイを二つも私にかけてくれ、ブルーのキャデラックに乗せてくれるのだ。そしてアッという間もなく車は軽やかに走り出した。

私にことの成り行きがわかったのは、迂闊《うかつ》にもそれから二、三〇分もたってからであった。Kさんは、東京の私の友人Iさんが打ってくれた電報で、私を出迎えにきてくれたのであった。

私は事情がわかって、羽田を発って以来、はじめてくったくなく笑った。

「たいした度胸ですね」

私の説明を聞いてKさんも笑い出した。

「それぐらい呑気でなくちゃ、とても女一人の外国暮らしはできないでしょう」

「皮肉ですか」

私は再び笑いがこみあげてきた。たとえKさんが他の誰であっても、私は誘われるままに車に乗ってしまったに違いない。観光客目あてのワル者であっても、ノホホンとついて行ったであろう。

だが、私はこのこと以来、すっかり気持ちが楽になった。

多少、オッチョコチョイのそしりをまぬがれないまでも、大胆で、ものおじしないところは私のもって生まれた気性である。羽田の上空でメソメソしたのは他所《よそ》行きの私で、本来の私ではない。

「ドンと行こうぜ」

私はドライに今後の方針を即決した。

キャデラックはぐんぐん疾走する。山の上まで舗装《ペーヴ》してある道はドライブにはすごく快適である。道の両側に建つ、小さな素敵なデザインの家が、陽光の下でまるでおもちゃのように美しい。そして花の香りがあたりに充満していて、その香りが自動車の中にまで甘く匂ってくる。

私はしばらくは夢心地でスピード感に身をまかせ、レイに首をうずめながらうっとりと外景を眺めやった。

……私がアメリカ留学を思い立ったのは女学生の頃である。といえば勇ましく聞こえるかもしれないが、実ははじめは他愛のない、夢見る少女の夢想に等しいことであったのだ。そもそもこの夢想のはじまりは、女学生だった私がある時、ホテル業者になろうと思いはじめたことに由来するのである。もともと綺麗な建物を見るのが好きだった私は、戦後ホテルの需要が増大するにつれ、いつしか、人に「将来、何になりたい?」と問われれば、そくざに「ホテル業者になりたい」と答えるほどまでに志をかたくしていたのである。

それにはまず語学を勉強しなければ、と私は一途に考え、英・仏語に熱を入れはじめた。しかし、その当時はアメリカに行くことなどは私の計画《プラン》の中にはまるでなかったのだ。ホテル業をやるならヨーロッパを見るべきだと思いこみ、スイスに行くことをひそかに夢想していたのである。

もっとも、小さい時から外国行きの熱にうかされていた私が、無意識のうちにもアメリカを除外していたのは、アメリカ嫌いの母の影響を多分に受けてのことに違いない。私の母は何でも悪い事態が起きると、すぐアメリカのせいにしてしまうコチコチの反米派であった。といって、たしかな理由があってのことではなく、簡単にいえば、日本を負かした国であるというそれだけの理由でアメリカを毛嫌いするという、感情的な反米派であったのだ。「お母さんっ子」であった私が、この影響を受けないはずはない。ストで電車に乗れないのも、泥棒や人殺しが多くなったのも、私はすべてアメリカのせいにした。

それに、戦後アメリカに出かけて行った知人や友人達も、帰国する時はたいていヨーロッパ経由で帰ってきて、アメリカは味気ないばかりか、日本人には非常に感じが悪い、外国に行くならヨーロッパだと力説するのを、無批判に受けとっていたものらしい。

私は当時、友達にこういっては得意がっていたものだ。

「自由の女神なんて、大きいだけでただのブロンズづくりだし、エンパイア・ステートだって、地震のない国に建てられた、ただ高いというだけのものよ。ヨセミテにしろ、ナイアガラにしろ、まったく味のあるものは一つもないじゃない」

思えば冷や汗ものである。

しかし、ナンセンスなだけに頑なな私のアメリカ嫌いも、やがてはそういっておれなくなった。経済的な面からも、言葉の都合上からも、まずアメリカに行かねばならぬ羽目(?・)になったのだ。

けれど頑固な私はまだ意地をはった。

「物には順序があるものだ。ヨーロッパに行くためにアメリカに寄るのであって、アメリカには短期間滞在するだけだ」

そんなわけから、羽田を発つ時、アメリカに向かうというのに、友人からイタリアで革手袋を買ってきてねと頼まれる始末だった。もちろん、私が、米国は約半年ぐらいで、後はヨーロッパであるなどと広言していたからである。

しかし、ホノルルにいるごく短い間に、私のアメリカ蔑視の観念は、もろくも音をたてて崩れ去った。アメリカとは自分の想像していたものより、ズンと抜きん出ているものだと悟らざるを得なかったのである。まさしく〝見ると聞くとは大違い〟である。

「――嫌だわ」

私は当初はことあるごとに、こう呟いた。

何事も日本が一番と教えこまれていた私は、一応はそれを否定してみせながらも、いつしか体中にしみこんでしまったのだろう、いざ外国のすぐれたところや偉大なところをじかに見聞すると心の中の何かがぶざまに狼狽し、「嫌だわ」と呟いてしまうのである。

わが身が井の中の蛙であったことを、否応なしにひしひしと感じさせられることへの「嫌だわ」は悲鳴だったのかもしれない、と私はふと思ってみるのであった。

むろん、アメリカにも、たくさんの欠点はあるはずだ。しかし、それはどこの国にもあることなのだ。

英国の詩人バイロンが母に送った手紙の一節に、

「自国にだけ住む人は、島国民の常として、偏狭なお国自慢のみ慕うから、今後、わが国も法律をもって、青年を外国旅行させることが必要だ」

とあるが、私も、島国根性まる出しに血眼《ちまなこ》になって、アメリカの欠点を並べ立てて、それを帰国の土産としてとくとくと喋るような浅薄なことはつつしもうと思うのだった。

古い国民性を有するわが国の、わび、さびを尊《たっと》ぶ、情緒的、精神的な特性と、新鮮な若さの充満する活動的な特性をもつアメリカとは、あるいは本質的には相いれないものがあるのかもしれない……。

「しかし……」と私は、ホノルルのモアナホテルの一室で旅の疲れをいやしながら、結論を出した。「これからの私はたった一人なのだ。私のすべては私の決断によって回転するのだ。感傷的な情緒に浸っていたのでは埒《らち》があかない。女だてらに、と古い人はいうかもしれない。けれど、この活動的でプリミティブなアメリカでは休んでいれば取り残されてしまう。若いうちにできることは、とにかくやってみることなのだ。そして歳をとったら、そこで、〝静寂〟を心ゆくまで味わおうではないか。もしできるなら」

とこう考えるうちに、ニューマルホテルでハワイ名物のフラダンスを見ながらK氏に御馳走になったブランデーの快い酔いがしっとりと全身にゆきわたったためか、私のアメリカ旅行第一日の夜は、快い眠りの中に溶けこんでいった。

# 七二〇〇円ナリの貴族

ロサンゼルスは常春の国と誰でもが呼ぶが、それは「平均、常春的」であって、もっとくわしくいえば、一日に四季のあるところである。

朝、六時に起きた時は東京の初冬並みに寒いし、一〇時ぐらいまでは、七、八、九月以外はいつもカーディガンが必要なほどなのが、正午あたりから二時頃にかけては嘘のような暑さになり、一月といえどもブラジャーやショートパンツだけで悠然とマーケットをぶらつく御婦人を見かけるようになる。

女子学生も正午頃だと腕をむき出し、肩をあらわにしているが、最後のクラスが終わる頃ともなると涼風が立ち、秋の気候に落ち着き、夜学に行く頃は、薄いスプリングコートを引っかけたり、人によってはオーバーなどをもってくる者もあった。

日本のように、何月何日からは単衣《ひとえ》を着ることに決まっており（注：和服は六月一日から単

衣になる)、それまでいかに暑かろうが寒かろうが、時節によって決められたものを着ると
いった窮屈な習慣はなく(もっとも日本でも最近はだいぶ自由になったようだが)、ロサンゼルスではその日の温度によって適当な服を着るので、私には大変都合がよかった。なにしろ、はじめの四カ月は、私の荷が何かの間違いでニューヨークに行ってしまい、二着の服でしのがなければならなかったのだから。

そういうわけだから、デパートでも、かたや水着を売っているかと思えば、かたや毛皮のオーバーを陳列しているといった具合である。私は、ロサンゼルスに落ち着くと、もの珍しさに方々歩きまわったが、やはりデパートを歩くのが一番楽しかった。

いくらしゃれっけのない私でも、二着きりの服ではどうにも困る。そう思って私はデパートに行けば婦人服売場を見てまわったが、いろいろ検討するうちに、私のように小柄な者には、服をつくるにも、大変高くつくことに気がついた。

とにかく大人のサイズでは何もかも合わないのである。では少女用ならばと着てみると、丈こそ合っても成人の私には胸のサイズが合わない。結局は仕立てなければならないのかと嘆いていると、やはり小柄なアメリカのクラスメイトが一軒の店を紹介してくれた。

小柄夫人専門店“House of Nine”という店だ。

喜び勇んで出かけると、嬉しいことにサイズのみならず、他の店にはなかった素敵なデ

ザインのものさえある。しかし、気に入らないのは値段であった。これはと思うものを円に換算すると、どれも目の玉の飛び出るような数字になる。

ロサンゼルスに来て間もなく、私は当地の最高ホテルであるアンバサダーホテルの会員制プールに誘われていた。誘われたといえば体裁はいいが、実は学校で知り合った日本人学生がそのホテルで働いており、マネージャーに話してOKをとった、いわばモグリだったのである。

だが、いずれにしても水着はいる。そこで私は、"House of Nine"で品選びすることになったのだ。

「これなら、あなたにピッタリです」

と可愛い売り子が出してくれたのは、まっ白な水着で私もすっかり気に入ったのだが、問題は懐具合。邦貨にして七二〇〇円の水着は、留学生の身ではおいそれと買えるものではなかった。日本でなら、ママにせびって思い切った買物をしてしまう私も、今は貧乏な留学生なんだから、そう無鉄砲な買物もできかねるのだ。だが売り子は、私が気に入っているると見たのだろう、しきりにすすめ、ついには身につけてみるところまでいってしまった。

ところが、着てみたのはよかったが、脱ぐ時になって、口紅で汚してしまい、どうしても買わねばならない羽目になってしまった。頑張ればもっとどうにかはなったのだろうが、なにせ異国の空の下のたった一人の買物である。私は泣きべそをかきながら買わされてしまった。

しかし、プールに行ってみて私は驚いた。私の水着がずばぬけて目立つのである。あまり若い女性がいないせいでもあったろうが、皆が私のまわりに集まってほめてくれた。

水泳は得意の私である。

水泳日本の名誉にかけて（とは大げさだが）私は飽くことなく泳ぎ続けた。水着の具合も、この上なくピッタリと身について、常より軽く泳げる気さえする。

そのうち横から飛びこんできた青年が、

「失礼ですが、どこの国からですか」

と話しかけてきた。

「日本です」

「おお、そうですか」

彼の賛嘆の眼差しに、私はますます悪くない気持ちである。青年がもとの席に帰って家族らしい人達と「ジャパン、ジャパン」と話していた。

水から出ると、制服を着たボーイが、シーツほどもある大きなタオルをもって、待っていてふんわり体にかけてくれる。そして別のボーイが甘い飲み物もサッともってきてくれる。まるで女王のような扱いだ。
夢のような半日だった。
家へ帰ろうとホテルを出て友人の車に乗りこむと、隣に古ぼけたフォードが停まってい
た。中にはプールで一緒に遊んだ子供達が乗っている。私をめざとく見つけて手を振って
いる女の子もいる。
「ヒルトンの一族ですよ」
と友人がいった。
「ヒルトン……?」
私はしばらくわからなかったが、すぐに、はたと思いついて、おんぼろフォードと子供
達の服装を見直した。
ヒルトンといえば、アメリカ一のホテル王である。しかし、あの車からあの服装の子供
達が出てきたら、誰があの大ヒルトンを連想するだろうか。
もっとも、そういえば、なるほどというエピソードもなくはなかった。先刻のプールで、
あの中の男の子が私とふざけていて私のイヤリングをプールの中に落としてしまった時、
一〇歳にもならない男の子がこういって私を面喰らわせたのだ。
「大変失礼をしてしまいました。買って返すということよりも、もうすぐクリスマスです

からクリスマス・プレゼントとして、イヤリングを差し上げたいと思います。どんなのをお好みなのでしょうか」

その時、私はさすが男子の躾《しつけ》のやかましい国であると思ったのだが、彼がヒルトンの一族だと知れば、別の意味で感心し直さなければならない。

私がぽかんとしていると友人はニヤニヤ笑いながら、

「お気になさることはございません。日本の王女さま。向こうはただ王女さまに礼を尽くしただけです」

といって、こう説明してくれた。

「ここのプールは大金持ちしか入れないし、あなたの話していた若い男性は、北欧から来たばかりの王族ですよ。だから、私はホテルのマネージャーに、あたなも日本の貴族だといっておきましたがね」

思えば七二〇〇円の水着は、すばらしい夢を与えてくれたわけである。

この水着は後に私の滞米中のたった一つの洋服類の買物だったという、いわく因縁のあるものになった。私はついにスーツ一着も買わずに帰国したのである。はからずも私は、おしゃれも度を越すと大変経済的（?）なことになる、という教訓を実践したことになるのである。

# オンボロ自動車騒動記

「ロサンゼルスとはどういう意味か知ってますか」

と私は、下宿先のマダムに聞かれたことがある。ちょうどプールでのことがあった頃だ。

「天使の国という意味でしょう」

私は日本でそういうことを聞いていたのでとっさに答えると、

「おお、その通り、文字通りここはすばらしいところです」

とマダムはしごく満足して肩をすくめた。

ロサンゼルスの地名は、インディアンの旧部落を、一七八一年にスペインの探検家がThe Village of Our Lady, the Queen of Angeles（天使の女王の国）と呼んで、この最後の文字（スペイン語でロス・アンヘルス）から出たものだそうである。

年間平均温度摂氏一七度、雨は冬季に集中するので、五月から一一月まではほとんど雨がなく、一年を通じて気候すこぶる温暖の好地である。

地図で見ると、ちょうど熱帯魚エンゼルフィッシュの髯《ひげ》のような、カリフォルニア半島の根もとにあたるところに位置し、市の西北、サンタモニカ山麓にはハリウッド、市のすぐ南にはミス・ユニバースコンテストでつとに有名である海水浴場ロングビーチがひかえる（注：ミス・ユニバースの大会は初回の一九五二年から五九年まで、ロングビーチ市公会堂で開催された）。まことにお金さえあればこれほど愉快に日を過ごせる土地はないと思えるほどである。

だが、私は心は高貴だが、懐はいたってさびしい一介の貧乏留学生である。

ぐんぐんと発展する新興都市の実態をまのあたりにしながら、辺鄙《へんぴ》な郊外のバス・ストップで、疾走する自家用車を横目で見ながらバスを待っていた。

しかし、当地ではバスほどあてにならないものはない。中流以上ならほとんどの家が車を一台や二台はもっているから、というわけでもないだろうが、バスの時間など実に不規則で、私など、延々三時間も待たされて、あげくのはてに、都合により本日のバスは中止しましたといわれ、逆上してしまったことがある。おかげでその時はじめてスペイン語のクラスを欠席しなければならなかった。なんの理由で欠席しようと、欠席には変わりないのだから被害甚大である。

「車が欲しいなぁ」

私は友人のHにこぼした。

私は大の自動車好きで、一二、三歳の頃、友人の家の運転手を強迫してハンドルを握ったのが始まりで、戦後のガソリンの乏しい配給時代でも、ガタガタ車を乗りまわしては得意になってお転婆ぶりを発揮していたものだ。

「免許証はもってるの」

とHはいった。

「もちろん」

「じゃ、車を買えばいいじゃないか」

「だって、そんなお金どこにあるの」

私はムッとなった。

新車は何百万円もするというのに、洋服一着買うのにも一〇日ぐらいは呻吟しなければならない私に、いったいなんという言い草だ。貴族？　だったのは一日きり。それも数時間だけの貴族でしかなかったのに。

「自動車なんか……」

とHは私のムクレ顔には一向に構わぬげにいった。

「自動車なんか夜店で売ってるよ、しかも、最新型が五、六〇〇ドルからあるんだ」

まさか、と私は黙ってとりあわなかった。いくら原産地だからといって、最新型が中古にしろ二〇万円前後（注：当時は一ドル三六〇円）だなんて、馬鹿にした話だ。

「本当だよ、もっとも新車じゃないけど、アメリカ人って奴は新しいもの好きだから、中古になると、グッと値が下がるんだ」

「ほんとかしら」

私は少し信じかけた。

「本当だよ。ちょっと時代がかったものだと三〇ドルとか五〇ドルさ。フロントガラスに大きく、見切り品よろしく値段がなぐり書きしてあるんだ」

「へぇ、二万足らずで自家用車かあ……」

「そうさ、自家用車なんて、大げさな事をいうなよ。アメリカ人には、車はわれわれのゲタに相当するんだよ。ウン」

Hは私が身を乗り出したので、すっかり通ぶって蘊蓄《うんちく》を傾ける。だが、それもよくよく聞いてみると、誰かの受け売りだということがわかってしまった。

「ほんとかしら」

「ほんとだそうだよ」

てな具合である。

　けれど、とにかく百聞は一見にしかず。二人でその「夜店」をのぞいてみようということになった。

　フィゲロア・ストリート。――別名、自動車通りとも称されるその街に、私とHが社会見学に行ったのはその日の夜のこと。

　ところが、やはり見ると聞くとは大違い。たしかに、夜店（?）には自動車がところ狭しと置かれてあったが、フロントガラスに見切り品よろしく書かれてあるはずの数字は、ダウン・ペイといって、月賦の一番はじめに支払う金額で、後は毎月だいたい五〇ドルから一〇〇ドルぐらいを二、三年支払い続けて、ようやく自分のものになる仕組みになっているのである。

　夜店――といっても、自動車を五〇台から収容すれば、ちょっとしたビルの敷地ぐらい要する。もっとも別に屋根もない野天に置いてあるのだから、なるべく人目に立つようにするためと、もう一つは、夜いたずらされないために、裸電球を日本のお縁日のようにガサガサとあちこちにぶらさげてある。――それを「夜店」といったのはいかにも日本的な形容であると、私はそんなことに感心した。まさしく夜店には違いないのだから。

　私はその後も、自動車好きの性癖も手伝って、暇を見つけては、購買する資力も気持ちもないのにフィゲロア・ストリートに遊びに行った。そして、そんなことから南米のクラスメイトの相談役になって、車を買うべく自動車通りに行くことにもなったのだ。

その南米のクラスメイトもバスには被害をこうむったものらしい。

「アメリカのバスと汽車の時間はまったくあてになりません」

彼はぶ厚い肩をいからして鼻をならした。

フィゲロア・ストリートにやってくると、彼ははじめて車を買うので、とかく外観のいいのばかりに目をつけていたが、私がエンジンの具合を確かめて、これは悪いとケチばかりつけるので、（また、事実ヒドイ車ばかりだったが）がっかりしてしまったらしく、ついに、ちょうど居合わせたブローカーの巧みなすすめに飛びついて買ってしまった。

フォードの四七年である。

それが、たった一九〇ドル。

私がエンジンを調べてみると、悪くない。私がまあいいでしょう、というと彼はすっかり嬉しがり、得意になって運転していった。

それから二、三日後、彼が上機嫌で私の家に車を駆ってやってきて、どこかにドライブに行こうという。ちょうど、珍しく雨が降っていたので、雨の日は気をつけねばと注意すると、では私に運転してくれというのだ。

「でも、カミカゼはよしてくれ」

そんなことを彼はいった。日本の神風タクシー(注：昭和三〇年代、稼ぎを上げるために無謀運転を行なっていたタクシー)の盛名は海外にまでとどろきわたっているのだ。

しばらく私が運転していると、だんだん雨がひどくなってきた。そこでワイパーをかけると、なんとビクともしないのだ。私は慌てたが、仕方がないのでゆっくり走ることにして雨の入りこむサイドの窓を閉めようとすると、把手はグルグルまわるのに、ガラスは一向に出てこない。ついに家に帰り着く頃は、片側はずぶぬれ、目は疲れはてて体中が消耗しきってしまう、さんざんのていたらくだった。

彼はカンカンに怒って、翌日車を売りつけたブローカーに文句をいったそうだが、全然とりあってくれなかったという。それゆえの一九〇ドルというわけなんだろう。

その後、彼の車には雨の日に備えて板が一枚、いつも床に置いてあった。雨の日にはその板を窓の代わりに手で押さえながら運転するのである。――が、その車も四カ月足らずで完璧にぶち壊れてしまった。

「もうブローカーには凝りてしまった。今度はカオル、あなたが選んでくれ」

彼は性懲りなくまた買うのだという。

そしてついに私は夜店に引っ張り出され、彼の気に入った外観で、私がエンジンOKしたものを買った。ワイパーとドアの具合などは、彼が自分で一生懸命調べていた。

その翌日。彼はお礼がてらに私の家に寄った。ちょうど私もハリウッドの知人宅に行くところだったので、乗せていってもらうこととなった。

車はハリウッドの高級住宅街をすっ飛んだ。私達はラジオを聞きながら、

「調子がいいいじゃない」

「さすがにカオルの選んでくれたものは違う」

などと冗談をいいながらドライブしていったが、やがて道は急な曲りくねった山道にさしかかり、四五度くらいのカーブにさしかかると、車は突如として爆音を立ててガックリ傾いてしまった。

「やったぁ！」

すっとんきょうな声で私は叫んだ。またもや、してやられたのだ。

彼はびっくりして車を降りた。こうなると私はハンドブレーキ（注：パーキングブレーキ）も信用できない。しっかりとブレーキを踏んで、彼に石をもってこさせ、車が崖下にすべり落ちないようにして、私ははじめて車を降りた。

彼はパンクしただけという。しかし、ジャッキも何もないので、その辺の大邸宅まで歩いていって電話を借り、ガレージの人を呼ぶと、一時間もかかってようやくやってきた。

おかげで、私はその間、あたりの清澄な空気を胸いっぱいに味わいながら、周囲の雪をいただいた山々、溪谷、森林等々の景観をゆっくり眺めることができたのである。その他、広大な砂丘や海岸に至る佳景が、雨量の少ないことと相まって、この地を世界一の映画製作工業の好適地たらしめた事情はよく知られていることだ。

車がエンコしたまわりの邸宅も、映画俳優の邸宅もかくやと思われる数寄を凝らした贅沢なつくりであった。

私はそれらの邸宅とわれわれの車の対照はいかにも面白いと思った。ある意味でアメリカの現状のアンバランスを痛烈に暗示しているといえないこともないからだ。

さて、ガレージの人によって外されたタイヤを見て、私達はあらためて驚かされた。スペアも、今まで使っていたタイヤも、タイヤとは名ばかりで、ゴムはとうの昔にすり切れて布地の出ているものであった。南米の友人は恨めしそうに私を見たが、正直なところ、日本から来て夜店の評判などよく知らない私には思いもよらないことだし、またタイヤを横から見たのでは、真中が布地だけになっているなんて気がつかない。

早速、翌日その夜店に出かけ、タイヤのことを抗議したが、前日われわれにこびりついて車を売りつけたセールスマンは、もうまったく赤の他人みたいな顔をしている。そして執拗なわれわれに対して、面倒くさそうに、全部は取り替えないが、スペア分は裏の倉庫の中から好きなものを選んでくれと、これはスペシャル・サービスだといわんばかりの言い草だ。南米の友人はすぐ倉庫にすっ飛んだが、結局は何ももってこなかった。皆同じだというのである。

私は、ここでこの国の商人というものについて、とくと考えさせられた。わが国なら、お得意さんを一生自分のものにしようと信用のおける品物をそろえるが、ここでは、客は一回こっきり、売れたらしてやったとでも思うのか、大きな店のセールスマンでも、売るまでが勝負だといった調子が露骨で、後で文句をいわれるのは、むしろ不思議だといった顔つきである。

もっとも、そこが「夜店」の「夜店」たるところかもしれないのだが。

そういうわけで、私は夜店の車ではさんざんな目にも遭ったが、中には掘り出しものもあるのである。

いい車にいきあたればまったくゴキゲン。自分の生活のほとんどが車によって回転するようになる。引っ越しだって、わざわざトラックなど頼まない。家具付きの家から家へと越すのであるから、大きなものもなく、身のまわりの品だけを車に積みこみ、一回でＯＫになるのである。

学校でクラスとクラスの間が一時間ばかり空くと、車を日陰にもっていってグウグウ寝てくる。図書館の満員になる試験時にかぎらず、のんびり勉強したい時は一人で足を伸ばして車の中でやればいいのだから、便利なこと、この上なしである。

もっとも車の維持費というか、ガソリン代だけあれば、というわけにはいかないから不自由なこともある。たとえば罰金である。

聞くところによると、ロサンゼルスでは罰金は市の最大の収入源であって、お巡りさんは目を皿にして違反を見張り、稼いでいるのだという。

私がはじめてハイウェイ（高速道路）に出た時のことである。なにしろ、この国に来た当初は絶対にドライブはすまいと、このお転婆の私がかたく決意したぐらいに、各自動車の文字通りすっ飛んでゆくありさまは、日本の神風タクシー顔負けの恐ろしさなのである。

しかし、その日は私は宿題のため、都心の市場が閉らないうちに行って、「魚」を見てくる必要があった。そのためには時間の都合上、今までのように郊外ではなく、ハイウェイを飛ばさなくてはならない。本当のところ、これがアメリカにおける、はじめての一人ぼっちのドライブだったのだから、私もずいぶん心細かったのだ。事故を起こして死んだら母に気の毒だな、などとつい考えてしまう。しかし「かおるは現在に生きる勇敢なレディ」である。エイッとばかりに乗り出した。

ようやく無事にハイウェイに入った時、私は本当にホッとした。まず一番むずかしい段階をパスしたのだ。しかし、隣に自分の車の一〇倍ぐらいはありそうなトラックがぐんぐんすっ飛ばしているのが、えらく不気味である。――私は渡米早々に出会った交通事故をふと思い出した。MGに乗っていた女性が、大型トラックにひとたまりもなく飛ばされ、即死してしまったのだ。ああ、ナムアミダブツ、ナムアミダブツ――私は必死の面持ちでアクセルを踏み続けた。

ところが、そんな状態の私の目に、後から白バイがやってきて私の車と併走したり、後ろで赤のライトをつけたりするのが映るのである。しまった、と私は思った。スピード違反に違いない。私は少しスピードを落とした。すると途端に白バイはウーウーと不気味なサイレンを鳴らして横にやってくると、道の端につけろという。

観念して車を止めた私に、若いハンサムなお巡りさんが、いきなり、

「今日はじめての運転ですか、ヤング・レディ」と聞く。私はまさにその通りである旨答えたが、しかし日本では長年やっていると付け加えた。

彼は私の免許証を見ると、

「ヤング・レディ、あなたの運転はスローすぎます。あなたの走っていたレーンは時速五〇マイル（注：約八〇キロ）以上なのです。一番右端の四〇マイル（注：約六四キロ）より下のレ

ーンで走っていただかないと、交通事故のもとになるのです。今後お気をつけ願いたいのですが」

「まあ、私がのろいから交通事故のもとになるんですって！　私の国では速すぎるから交通事故が起きるんだといいますわ」

「おっしゃる通りです。しかし、アメリカでは皆、速く走りたがるので、皆の好きなように、この通り、同じ道路を何本かにわけ、ゆっくり走る車、中くらい、スピード用とわけてあるのです。ですから、スピード用の道路にゆっくり走る車がまぎれこむと、タイミングが狂ってぶつかってしまうのです。そんな時の事故は、皆死んでしまいます」

といって、彼はニヤッと笑った。「あなたのように皆ゆっくりすればいいのですがね」

私もニッコリ笑ってみせた。罰金は免がれられると直感したからである。私は愛嬌たっぷりにいろいろの世間話までひとくさり開陳し、

「おかげで命拾いしましたわ」

……で、ピリオドを打った。本当は、おかげで市場の時間に間に合わず、宿題はアウトになりましたわ、と恨み言をいってやりたかったのだけれど……。

その後、二、三回、私は止まるべきところに止まらなかったり、一方交通の道を反対に飛び出したりしてつかまったが、そのつどお巡りさんと親しげに〝神風タクシー〟の話など

して、チケットをもらわずにすませた。そんな時、私はきっとニコニコ笑っていたが、一皮むけば留学生の身で五ドル一〇ドルの罰金をとられることは身を切るようなつらさだったので、一生懸命だったのである。

一度などは、白バイで飛んできた二人のお巡りさんのうち一人が、私の免許証を見て、

「おお、ジャパン」

と懐かしそうにいい、自分はもと宝塚あたりにガール・フレンドがいたなどと、私と同僚にのろけだし、長々とその話を聞いているうちに、日本女性のカブがどんどんと上がってくるので、ついに私はその時買ってきたオレンジをこの人達にあげてしまい、かえってお礼などいわれて、得々として帰ってきたこともある。

けれど、この私もついに一度だけ、罰金を払わされてしまった。

というのは、パークした自動車が時間外になってしまったのに、私がまだ帰ってこなかった時である。私が帰ってきた時は、時すでに遅く、お巡りさんはいなかったが、その代わりにチケットが、フロントガラスにデンと構えて待っていたのであった……。

# 私が愛したアメリカ人

## ——学校で見たこと感じたこと

A

ミス・キャバナーは心理学博士で、われわれのクラスのカウンセラーであった。

カウンセラーとは、最近では日本でも学校や会社に置いているらしいが、日本語に訳せば相談役とか顧問とか、助言者とかになるのだろう。

ミス・キャバナーは外国から来たてのわれわれを受けもち、何でもわからないことはいってこい、お金がなくなっても、恋愛しても、相談相手が欲しいとか、喋りたい時があったら遠慮なくドンとぶつかってくるように、といつもいってくれるのであった。

三〇ぐらいの年格好で、わが国ならさしずめオールドミスといったところであろう。人の印象をすぐ他のものにたとえるのが好きな私は、彼女に「剣豪」の名をたてまつった。

少し目が悪かったのかもしれない。しかし、質問した人をその大変鋭い目でグッと見据えるポーズには、まったく寸分のスキがなく、さあ、どこからでもかかってこいといった一種の気迫を感じさせる人であった。答え方でも一刀のもとにバサリというふうに明快なもので、校庭を歩くのを見るとミスとは名ばかり、ノッシ、ノッシと威風堂々、笑い声も日本ふうにカンラカンラと表現したいような豪傑笑いをするのであった。「剣豪」の名をいささかもはずかしめない女丈夫であったのだ。

といって、私達にとってむやみに怖い先生であったわけではない。実に話のわかる気性のさっぱりしたほがらかな人で、顔だって見方によれば、個性のある顔で私の好きなタイプであった。そう、アメリカの女優キャサリン・ヘップバーンに似ているのだ。

見かけばかりでなく、私は彼女の人柄も好きだったから、彼女の時間は特に楽しみにしていた。彼女はアメリカ人の素朴で快活ないい面を見事に結実させていると思えたし、彼女の時間に出席すると、留学生活の中で意識的にしろ無意識的にしろ緊張しているものを、やわらかく解きほぐされるように思えたからであった。頼りになる姉御であったわけだ。

ミス・キャバナーのクラスは一週に一度。このクラスには来たばかりの外国留学生は全部出席することになっていたが、彼女は全然学問らしい学問をさせず、一見、無駄話みたいなことを喋り、皆にアメリカを理解させ、アメリカに早く慣れさせるべく試みたようである。

たとえばこんなふうにである。

ある日、ミス・キャバナーは私達に、言語について話をしていたが、そのうち、「マネーとは、あなた方達の国の言葉でいえば何というのか」と聞いた。私達がいっせいに大声をあげて、てんでに母国語をこの時とばかりわめきたてた。なにしろ一〇カ国以上の国民の集まりである。その騒音は大変にアンハーモニアスな音階となった。「カーッ」。何といったか明瞭にはわからない。シャラップとでも怒鳴ったのかもしれない。とにかくミス・キャバナーは私達の騒音をピタリと制し、きりっとした顔で諌《いさ》めたのだ。「あんた達は中学生じゃない」と彼女は低音で、それも小さな声でいった。「立派な大学生だということをもっと自覚すべきである。静かにものをいうんです、静かに」

私達はシューンとなった。と彼女は、そこでもおもむろに、

「同じ国内でも、一つの事について、いろいろの言い方がある。たとえば、マネーはほかに、ドゥ・グリーンバックス、バック・グリーンスタッフ、レタス・リーヴス、キャベッジ等といったりする（注：「green」や「buck」はお金のスラングとして現在も使われる）」

といって、彼女の体験談を話し始めた。

――私は、ハイ・スクールの頃、新聞部に入っていた。ある日のこと、私の書いた記事「山羊鬚教授」がはじめて活字になった時のことである。私は得意になって、新聞をわが家にもち帰り母に見せた。母も喜んでくれて、新聞を読んでいたが、やがて「オー」と驚きの声をあげ、「これはまさか、あなたが書いたのではないでしょうね」と詰問するのである。もちろん私は自分の書いたものだと得々と説明した。すると母はなさけないような顔つきをして、「あなたはピュビィク・ヘアーの意味を知っていますか」という。知らないのなら早速辞書を引きなさい、というのである――。

そこまで話すと、ミス・キャバナーは私達に、この言葉の意味を知っている人もいるかもしれないが、と立ち上がって黒板に何か描き始めた。私は急いで辞書を引いてみた。私の指先にある活字は何と「陰毛」であったのだ。ハッとして顔を上げた私の目に、黒板に描かれた女性の下半身がくっきりと映り、ミス・キャバナーの手先は、ちょうど、それにあたる部分をポンポンと白墨でたたき、ここだと示して見せながらこういった。

「私は、ピュビィク・ヘアーとは、毛が生えて三角形みたいなものを形成する状態と解し、教授の山羊鬚をピュビィク・ヘアーだと書いてしまったのです」

私達は皆、どぎもを抜かれた。このクラスの生徒はそれぞれ封建色の濃い国から来た人ばかり。女の先生が、しかも男女のいるクラスで、こんなことを堂々と口にするような状態には不慣れである。

だが、ミス・キャバナーは平気の平左である。特有の目つきで皆をジロリと見まわしこういったのだ。

「わりましたか、この国に生まれて育った人でもこんな間違いをしでかすのです。まして、あなた方他の国から来て数カ月しかたっていないのだから、この国の言葉を上手にあやつれなかったとしても、ちっとも恥じゃありません。この米国では、六〇年住んでいたってイタリア語とか、ロシア語とかで通す人もいて、飢えもしないで住んでいます。といって、あなた方は無為に日時を過ごすために来たのじゃなくて、勉強をしに来たのだから、言葉を覚えなくちゃ困るでしょうがね」

彼女の講義は一事が万事、こんなふうに進められたのだ。

またある日のこと——。

ミス・キャバナーは、クラスの男性が派手な模様入りのオーバーシャツを着ているのに目を止めていった。

「ハハーン、みんなもだいぶ、カリフォルニアずれがしてきましたねぇ。ここらで、アメリカはカリフォルニアだけじゃないってことをいいますかな」

前にもこういうことがあったようである。どうも留学生というものは、同じようなコースをたどるものらしい。日本でも、東京などではよく見られる現象である。

「このクラスの人達は、いずれ東部へ行く人達がほとんどでしょう。東部とこの西部とでは風俗、習慣ががらりと違いますが、同じ西部でも、ロサンゼルスとここから二時間足らずで行けるサンフランシスコでも大きな違いがあります。まずその格好じゃ、シスコは歩けませんね」

その男生徒は、多少、恥ずかしくなったらしく、毛むくじゃらな胸を顎で隠すような格好をして少さくなっていた。

ミス・キャバナーは笑いながら、昔、ハーバードの大学院にいた頃の、自分自身で体験した驚きを語ってくれた。

ボストンに行って間もない頃、彼女が食堂で同じロス出身の友人と、ロスの流儀でペチャペチャ喋りながら食事をしていると、後ろで、

「エクスキューズ・ミー、ジェントルメン、私は失礼させていただかねばなりません」

という静かな男の声が聞こえる。

彼女はどんな紳士が現われたかと、振り返って見ると、単なる大学生である。しかも男同士の席だったから、「いったいどういうことか」となおも見ていると、チャコールグレーのスーツにホワイトシャツ、きちんとネクタイをつけた静かな声の主は立ち上がると一礼

して立ち去っていったのだ。

それが、かの地での風習だと後で知って、彼女は呆然としてしまったという。

「ロサンゼルスなら、そういう場合、どういうことになるか知っていますか」

ミス・キャバナーはぐるりと回転椅子をまわしてふんぞり返った。そして腕組みをして足をデンと組んだ。

「まず、着ているものは、女か男か判別に苦しむようなシャツ。人によればTシャツのままです。ネクタイなんかしている学生なんて、滅多に見かけたことはないが、たまたましていると、『どうしたんだ、何が起きるんだ』などと聞かれるくらいでしょう。中座する時はこういうのです。"I gotta go kid." エクスキューズ・ミーもへったくれもあったものではありません。他の連中もこの格好のままアバヨってなもので、立ち上がりもしませんよ。まあ、ロスでの格好でボストンでも行こうものなら、まずイカレタ人とみなされることは間違いありません」

ミス・キャバナーはそういって、お行儀の悪い格好のまま、カンラカンラと例の豪傑笑いをし出したのである。

私はその時思ったものだ。

「してみると、アメリカナイズされたといわれる日本の夏は、ボストン人種に見せるとイカレタ集団であるといわれてしまうに違いない」

私もカンラカンラと笑い出したくなった。そして、私はボストンへは行くまいと、心ひそかに誓ったのである。

B

昼間のクラスだけでは、欲しいだけの単位が上手にとれないので、私は夜のクラスに多少割り当てることにした。

人の話によると、夜のほうが多少やさしいだろうということだし、私も週に二度くらいは夜、家から出てみたい気もしていたのだ。それともう一つ、夜学に来る人達を観察してみたい気持ちもあった。

予想通り、さすがに夜のクラスの人達は千差万別であった。お爺さんや中年の女性などの姿も見え、したがって服装などまるでトーンがなく、クラスの中が雑然とした印象になるのはまぬがれなかった。

しかし、壮観なのはパークされている車である。昼間だと、みんな親のスネかじりであるからだろう。ほこりまみれのボロ車が多いのに、夜のクラスではピカピカの最新型か、それに近いような車がずらりと並ぶのである。昼間働いて自立している人が多いせいであろう。アメリカでは夜学生のほうが、昼間の学生より経済的に余裕があるのである。

私がとっていた夜のスペイン語のクラスに、ローレンスさんというお爺さんがいた。今の言葉でいえば、ロマンスグレーというのだろう。孫が四人もあると自慢しながら、真赤なネクタイを締め、赤いハンカチを胸にのぞかせた、なかなかおしゃれなお爺さんである。何の仕事をしているのか、たいそう豪勢な車で颯爽《さっそう》と登校してくるのだ。すべてボタン一つで窓も天井も開けば、冷暖房自在というデラックスな車である。

聞くところによると、ローレンスさんはアメリカ人に多い一種の学校マニアで、ここではスペイン語、カリフォルニア大学では科学をというふうに、あちこちの大学の夜のクラスめぐりをして楽しんでいらっしゃるのだそうだ。

なかなか真面目で、絶対に休まないし、授業中でもバリバリ質問する。その質問がまた私には大変ありがたい質問なのである。というのは、私が質問したくても、時に言い方もわからない性質のことや、本当はぜひ知りたいのに、それをただせばクラス中が吹き出すような馬鹿げた質問を、彼が実に堂々とぶってくれるのである。

大変な頑固爺で、クラス中が笑いの渦に巻きこまれると、自分の息子くらいの先生に「何がおかしい」と喰ってかかる。そして、結局、納得がゆくまで説明させるので、私にもよくわかり、その上、時には今までよくわからなかったぶんまで、はっきりしてくることもあるのである。

だから、私はいつでもローレンスさんの隣に席を占めた。彼は私じゃ頼りなくて嫌だったらしいが、私には砂漠の水だ。

ある時、私は努めてにこやかに話しかけてみた。

「スペイン語って、面白いですね」

すると、彼の返事はニベもない。

「フン、私は面白いからやってるのじゃないよ。私はこれを知らないから習っているのじゃ」

まさにへんくつ爺の面目躍如たる返答である。

まったくの話、嫌々クラスに出てくる者はほとんどいないといってよかった。夜学では必要に迫られてクラスをとる人達ばかりだ。たまたま私のように「外国語」をとらなければならないから、特にスペイン語を選んだというのは、このクラスでは二人だけ。他の人達はそれぞれ、この学校でこのクラスだけをとっているというような人達である。だから能力と時間の続かない人は途中でやめてしまうし、開講三週間以後に残る人達は皆、真面目であり熱心であった。

ある日、ローレンスさんが若い男の学生をつかまえて、口角泡を飛ばして議論をしているので何事かと思ったら、サイエンスのお話である。ローレンスさんみたいなのを典型的なアメリカ人というのか、こうと思ったら相手構わず大声で喋りたて、相手の意見も聞かばこそといった調子なのだ。相手になった学生は、向こうが老人なので「イエス・サー」とか「ノ・サー」とかいっていたが、結局、ローレンスさんの納得するような答えを出したらしく、お爺さんは意気揚々と私の隣に帰ってきた。

先生がその議論を聞きつけて、「なかなか活発ですな」と、ローレンスさんに話しかけてきた。この二人は授業中も喰いつき合うし、まるで先生と生徒といった間柄には見えない。かえって先生のほうが下手に出ているくらいである。

お爺さんは老眼鏡の下からジロリと先生を見ていった。

「イェース、あなた、この頃の子供が何をし、何を考えているか知ってるかね。そして、その子達の親に、どれだけの知識があるか知ってるかね。子供達のいっていることも、もっているおもちゃがなぜ動くかも、親は何もわかっちゃいない。それでも平気の平左というのが現状だ。情けないと私は思うよ。思わんかね。私は断じて、そんなことは嫌だね。まったく今の若い者は、われわれの頃とは違う」

日本にしろ、アメリカにしろ、若者は、老人にはじれったい存在らしい。また、老人とはだいたい、どこの国でも頑固であるものらしいが、わが国の老人とアメリカの老人とただ一つ違うのは、ローレンスさんのように六〇の手習いをさっさと実行に移すファイトであろう。

彼はカリフォルニア大学で科学をとっているのも実は二度目だそうで、合点のいくまで学ぶべく、先学期はほかの学校で同じクラスをとったのを繰り返しているのだという。

頑固爺もその国柄によってこうも違うものかと、私には面白かった。

それにしても栄養が違うのか、知識欲のためか、お爺さんと呼んでは申し訳ないほど、気も若ければ格好も派手である。デンと尾をひくスカイブルーの車から颯爽とパイプをくわえて降りてくる姿はまったく見事である。

ちなみに、このローレンスさん、日本人の私に向かって、

「日本の女が、一番不美人であった」

といってのけた、ただ一人のアメリカ人である。彼は震災（注：関東大震災）前、世界一周旅行をして日本にも立ち寄った時の印象であると付け加えてはくれたが……。なんといわれようと、私は彼のおかげで成績はAとなり、クラスでトップとなったのである。

「アメリカの老人は世界で一番素敵である」

私は彼に、そういうべきだったのかもしれない。

## C

留学生にとって試験は地獄である。英語も満足にあやつれないのだから、ギッシリと英字の埋まった参考書等は、理解するより先に、まず読むだけで参ってしまう。

ローレンスさんのようなのはまさに地獄で仏というわけだが、クラスごとにそういう人が待っててくれるわけではない。しかし、私は運がよかったのか、ローレンスさんのほかに二人、正確にいえば三人、助けの神が現われたのである。

二世のミッチーとアメリカのある若夫婦であった。

若夫婦といっても、奥さんのほうにだけ世話（?）になったのだが、御主人がいなかったらそうもいかなかっただろうから、やはり私はカップルに感謝すべきであった。

私達はサマーセッションの夜学で同じ米国史をとっていた。それは必修課目だったが、本を買った時、目が眩むように思ったものだ。七週間で上げなければならないのに、なんと八〇〇ページあまりもある。その授業は三時間ずつ週に二回あるが、毎週一時間は試験であり、その範囲が五〇ページから一〇〇ページ、最後の試験などは二度にわけられ、四〇〇ページと総合試験である。

当初の頃は私も真面目な学生として、当時一一〇度（注：摂氏四三・三度）のロサンゼルスの夏を庭に座りこみ、蟻とたたかいながら、必死になってこの本を勉強したのである。私が渡米する時、やはり米国に留学した友人が、五年在学中に編み出した秘伝を授けてくれたが――それは、どの本でも最初の五〇ページに出る単語をマスターしておけば、著者はだいたい、そこに出てきた言葉を使うから、その後はいとやさしきものであるというのだ――そして、事実、彼のいう通りではあったが、ままならぬのは固有名詞である。私はさんざんな目に遭い、試験はただ一度Bをとっただけで、ほかはほとんどCか、Cマイナスである。

こんなありさまでは、このクラスをもう一度とり直さねばならないようなことになりかねない。私は日に日に心身ともに参っていった。するとある日、同じ留学生のYが、私の顔色を見て忠告（?）してくれたのである。

「僕はいつも夫婦で来る奴の、ワイフの後ろに座るんだ。亭主はてんで駄目だけど、ワイフはいつもAかBだよ。だから僕は彼女のやっている通り皆写しさ。おかげで僕は平均Bマイナス程度だよ」

暗にイージー・ウェイをとるべきだとほのめかしてくれる。

「人のなんか写すのは嫌だわ」

と私がいうと、

「じゃ、こうするといい。僕等は試験中でも辞書を引くことは許されているだろう。その辞書に書きこむんだよ」

なるほど、いろいろと方法はあるものだと私が感心すると、

「見損っちゃ困るよ。ダテにK大を出たんじゃねえや」

Yは胸をポンと叩いて、変なことを自慢した。

背に腹は代えられぬ。私はさっそく作業にとりかかった。辞書の二〇〇ページ台は一七〇〇年代、一〇〇ページ飛ばして四〇〇ページ台は一八〇〇年代として、カタカナでびっしり書きこんだ。しかし、天はわれに味方せず、これが役に立ったのはたった一度だけで、私はまたもや無惨な敗北を喫してしまったのだ。なまじ辞書に頼っただけに結果たるや最低であった。

私はいよいよ追い詰められた。そして試験も大詰めになった時、なさけないことに、若夫婦の現われるのを今や遅しとドアの脇で待たなければならない仕儀になったのである。

Yはいつも時間すれすれに入ってくるので、私は彼の来る前に、若夫婦が入ってくるとサッと斜め後ろに陣取った。

人の性は善か悪か――もとより私はそんなことを考える余裕はない。全神経を「写す」

ことに集中しなければならないほど、切羽詰まっていた。非道も承知の上であえてYの金鉱をかすめとったのである。

若夫婦はのんびりと座ると、旦那様は奥さんのタバコに火をつけてやった。奥さんは、

「ありがとう、あら、あなたの手、ふるえているわ」

とからかうと、彼は、

「そう、今日はちょっと疲れたから」

と苦しい弁解をした。

「そんなこといって、勉強できなかったから試験が怖いんでしょう」

「アイ・ラブ・ユー、ハニー、教えてくれよ」

「私も愛しているわ、でも、それとこれは別だわ」

彼女は意地悪く拒絶した。「おお」と彼は嘆息してみせる。しかし、その後は、意外なことに彼女のほうが夫にいろいろなことを聞き、そうじゃないとか、こうだったとか、二人で静かに教え合っている。

私は二人の夫婦愛をニヤニヤしながら眺めていたものの、そのうち、彼女の斜め後ろに陣取ったことが、果たして最善であったかどうか不安になってきた。私には残されたたった一本の綱が彼女なのだ。彼女の答案を写すのが私の生命の綱なのだ。他人の夫婦愛なん

かボヤボヤ見てはいられないはずだ。私は少しでも立地条件をよくせんものとお尻をもじもじ動かしていた。

ようやく用紙が配られる頃、Yがねぼけた顔でやってきた。私が常ならぬところに頑張っているのを見て「オオ、チクショウ」と日本語で呟いただけで、空いている席のほうへ行ってしまった。

「ゆるせ」私も呟いた。

まず私は、配られた試験用紙が、果たして彼女と同一のものであるかを見極めた。大は私を見捨てなかった。彼女はスラスラと答案を書き始め、私はチラチラとそれを盗み見る。あさましきかな、こうなると問題なんか読みもしないでひたすらに答えだけを正確に写すことに集中するだけである。そしてついに、五〇の問題を三八題まで写し、全然見えない後の一二題は、自分の判断（といってもあてずっぽうだが）にまかせたのである。

試験が終わるとYが陣中見舞にやってきた。

「どうだい、うまく見えたかい」

「まあまあね。油揚をさらってすみませんでした、ムッシュウ。でもね、試験前の感じじゃ、ご亭主のほうがよく知ってそうに見えたわよ」

「そうじゃないよ。あの女房、なかなか味なことをする奴で、日本語でいえば〝亭主を立てる〟って奴なんだ。僕は思うんだがね、自分は昼間、家にいるもんだから、じっくり勉強してくるんだよ。で、夕方になると亭主の勤め先に迎えに行って、そのままここに来るらしいんだ。だから亭主が知らねえのが当り前で、あの女房、知らぬふりして亭主に教えてやってるのさ」

とにかく試験は終わったのである。私はほっとして、あらためて恩人夫婦を観察し始めた。

二人そろって夜学に来るからには、まだ子供もいないであろうし、二人の様子もまだお熱いさなからしい。が、それにしてもこの二人にはいかにも落ち着いた雰囲気があるし、二人の間もえらく礼儀正しい。

奥さんが椅子にかける時、御主人はわざわざ椅子を押してやっていたが、少なくとも昼間の学生間には絶対といっていいほど見られない図である。私にはちょっと不思議な夫婦であった。

「あの夫婦には、いつも何か共通の話題があっていいわね」

私はふっとYにいった。私の友人が夫と共通の話題がなく、二人っきりになると窒息しそうなほど苦しいといって、こぼしていたのをふと思い出したのだ。

この夫婦を、特に奥さんのほうを、「女に何がわかる」と威張りちらす、故郷の人達に見せたいものだと私は思った。だからアメリカの女はのさばって、いらぬところに口出しをするのだなどというに違いない。私は一人でクスクス笑った。

試験の結果は上々だった。これもひとえに若夫婦のおかげである。しかも、ずうずうしいことに、恩人の奥さんより上の点をとったのだから、おかしなものだ。

いろいろと忘れられないこのクラスの想い出であった。


夜学の人達の中に、意外にミセスの多いことも、アメリカの夜学の特徴であろう。私のもう一人の救いの神である日系二世のミッチーも、すでに一女の母であった。

ミッチーにはじめて会ったのは、美術のクラスでである。

「私は学生時代このクラスをとりたかったのだが、結婚したり、ベビーができたりして叶わず、どうやらベビーを夫の手にあずけられるようになったので、週に一回のこのナイトクラスをとり始めたんです」

ミッチーはその時、ショートカットの頭を振って、アメリカ人とほとんど変わらぬ英語をあやつって説明してくれた。

当時、わが国ではオードリー・ヘップバーンのマスプロ（注：大量生産）で猫も杓子もショートカットにしていた頃であったが、地元であるロサンゼルスでは、どこを歩いてみても見当たらないほど、ザンギリ頭は少なかった。だから、ショートカットのミッチーを、私がはじめ日本の留学生と見違えたのも無理はなかった。その上、日本の留学生の専売特許ともいうべき、ハイヒールと眼鏡の両方をつけていたのである。けれど、話を聞いてみると、彼女は日本へ行ったこともなければ、日本語もほとんど喋れなかった。

私が在米中ひどく感激したことは、このミッチーも含めて一世、二世、三世がまったく神のような親切な人ばかりで、心から私の面倒を見てくれたことである。ミッチーは私を知ってから、目立って先生への質問が多くなってきた。授業中のみならず、その前後でさえ、先生をつかまえては〃Ｂｕｔ……〃を繰り返しながら、あらゆることを聞き始めるのである。もちろん、理由はほかならぬこの私のためであった。講義が終わると、とたんに、今彼は何といったのだ、その意味は、その理由は、で、どうなったのか、と私は結局、今の講義をミッチーにやり直しをさせ、それ以上のことまで執拗に聞き始めるので、ミッチーにとってはさぞかしうるさかったことだろう。しかし、気のいいミッチーは留学生でボンクラの私をそのままでほうっておくことはできず、ついに自分が先生のところに出かけていくことになるのである。

日本の教授と違って、アメリカのプロフェッサーにはとっつきにくさがない。講義の終わった後は、私達は「そのものをよく知っている友人」から聞き出すというように、軽い気持ちで話し合うことができる。

だけど美術の教授はどういうわけだか、たびたび真っ赤になってミッチーに説明してくれた。その教授は特に内気で恥ずかしがり屋だったのかもしれない。

私はそんな二人をよくノホホンと見守り、ミッチーの心遣いを感謝するより、むしろ感心したものだった。同じ日本留学生はこうまで親切ではない。みんな条件が同じといえば同じで、人のことまで構ってやるゆとりもないのだろうが、美術のクラスにいた東京大学出身の政治家希望のTなどは、どうかと思うほど徹底した利己主義者だった。彼は、先学期雄途ハーバード大学に出かけていったのだが、生活していく経済力と勉強する時間が足りなかったとかで、一学期で当地に舞い戻っていた。

「敗軍の将、もって兵を語らず、ですよ」

彼はそうシニカルにいってみせたが、そのことにかぎらず、実に何もいってくれない人であった。生来、負けず嫌いというか負け惜しみが強いというのか、私は同じ問題を出され、他の人が理解し得て私は駄目だったなんていうのは大嫌いで、とても人に教えてくださいなんていうことは、いえないたちである。しかし、Tの場合は東大出身でもあり、歳もぐんと上だったので、彼が知っているのは当り前であるとばかり二、三回お教えを乞いに行ったが、その答えはいつもハンで押したように、

「さぁ、知りませんね、そうですか」であった。

そんなことを二、三回繰り返すうちに、さすがにこれはおかしいと気づき、私はある日、とぼけてこんなことを聞いてみた。

「スコットは何を書いた人でしたっけ」

「さあ、知りませんね」

「たしか一八世紀の英国人でしたわね」

「そうですか、知りませんね」

こういった調子である。

わが国の大学卒で、ウォルター・スコットの名を聞いたことのない人はいないであろう。ましてや、外国くんだりまで勉強しようとやってくる人においてをやである。私はその時即座に、彼が島国根性のかたまりで、ガリガリ特有の「教えケチ」であると断定し、二度と彼に話しかけるのはやめてしまった。

ミッチーが現われたのは、その後しばらくしてであったから、私は二重に嬉しかった。

さて、ついに中間試験のシーズンがやってきた。ミッチーの心配は大変なもので、

「私も一生懸命にやるから、わからない箇所はどんどん私の答案を見て書きなさい」

そうくどくいって聞かせ、字をわかりやすく大きく書くために、兄のところから太いペ

ン先の万年筆を借りてくるといったふうに、万端おこたりない細心ぶりである。

私などは、このクラスにはテキストがなく、試験は全部講義に基づくのだから、試験への不安も並みたいていではなかったが、美術はまんざら不得意でもないことから、自分を試すにはいい機会だ、なまじ一夜づけ的な泥縄勉強をしないですむだけ気持ちが楽だなどとふてくされてしまい、ミッチーにはお願いしますとはいったものの、結局は自分の力だけで答案を書いてしまった。もちろん、ミッチーと私はお互いに答案を見比べたが、たとえ答えは違っていようと、話を交わすわけにはゆかない。

だが、ミッチーのはらはらした顔が、かえって腹をすえてしまった格好の私にも無性に嬉しく感じられた――。

さて、試験が終わってホッとして教室を出た私達は、同じクラスの老婦人が珍しくニッコリと笑って話しかけてきたのにはびっくりした。

この六〇に近いであろう老人には、私はこれまで何か心ひかれるものを感じていたのだが、なんとなく、怖いように気品がありすぎてとっつきにくく、隣に座っても、今までに口もきいたことがなかった人だ。お互いに、難しかったですね、私の解答は……などと話し合ってみると、この老婦人はその威厳のある顔にふさわしい博識の人であることがわかった。

ミッチーもおそらく、この老婦人は何者であろうと思ったのであろう、率直に老婦人に尋ねると、なんと彼女は小学校校長を二〇年も務め、定年後、自分の時間を好きなように使えるようになったので、知りたいことを聞くために大学に来ているのだという。

お洒落で頑固なローレンスさんの場合もそうであったが、私はアメリカ人の夜学の利用法についてつくづく考えさせられるものがあった。アメリカの場合、大学はまったく知識を得に来るところである。しかも、誰にでもオープンされ、誰もが見栄張らず、恥ずかしがらずに来られる場所である（日本の場合とは根本的になんと違うことか）。

美術のクラスで、たまたま三段階の人達が言葉を交わし合ったことを、私は意味深く受けとった。まだ一人前にもなっていない私が、必修科目の一道として必死になってあがいている。その上に、その時代を卒業したミッチーが、今度は女としての機能を果たしながら、忙しい時間を夫の協力を得て「知り損ったもの」を吸収しに来ている。そして、この老婦人は――ミッチーにいわせると、おそらくドクター・ディグリー（博士号）はもっているであろうというのに――私達の段階をへ、天職を完了し、今は静かに知りたいことに耳を傾けに来ている。

「知りたい」という欲望は、一生自分につきまとうであろう。でもただ思うだけで実際に「知ろう」とすることは少ない。できることなら私も、どんなに歳をとっても「知ろう」とする意欲とファイトはもち続けていきたいものだ。若さと美貌に代わる中年以後の女性の魅力は、知識と経験からにじみ出てくるのではないだろうか。

私は思うのだ。この老婦人やローレンスさんの例を、他山の石にしなくてはならない。私がおばあさんになる頃には、わが国の大学も、美容のためにも、誰にでもオープンしてもらいたいものである。

# ハリウッド・ボールに行く

エトランゼというものは生活技術さえ適当に覚え、孤独に他愛なくくじけなければ、自国では味わえない喜びや感興をもつことができるものではなかろうか。

私は東京の母や友人には申し訳ないほど、ホームシックとは縁遠い毎日を過ごしていた。私は、自分は生まれつきの〝旅人〟かもしれないなどと思ったりした。

むろん苦しいことや悲鳴を上げたくなることがないではない。そんな時、私はひっそりと部屋にこもって、母が送ってくれた烏賊《いか》の足を焼いて家中に醬油くさい匂いを充満させたり、ロサンゼルスで有名な日本街に行って買ってきた塩鮭を焼いて、お茶漬をかきこみながら、母に甘ったれた手紙を書いたりした。

しかし、翌朝になり、たとえばアメリカ人の女の子マリアナが車で迎えにきて、

「ヘイ、カオル！」

と呼ぶ声を耳にすると、前夜のメランコリーなどけろりと忘れて、
「ウェイト・ア・モーメント、マリアーナ」
とかなんとか叫んで、カーディガンをつかむやいなや飛び出して行くのだった。

マリアナは愉快で快活なアメリカ娘である。ボロボロの、天井の布が頭すれすれまで垂れさがって、ドアも呪文を唱えて「エィ」とばかりに気合いをかけないと開かない彼女の車に乗りこんで、学校まで一目散に駆け出す楽しさは、また格別だった。

彼女は学校ではボーイッシュなカットの金髪を振りたてて仲間内に君臨し、すごい早口で大騒ぎしながら、私に男の子を紹介しては喜こんでいるのだ。どうしたわけか、私も仲間の内ではかなり人気があった。日本の女という物珍しさもあったようだが、彼等に一番怖がられている先生が私を大変可愛いがってくれたので、そのことから一目置かれてもいたのだろう。その先生は教室に入ると、まず私に小さな（しかし、人にも聞こえるような）声で、「カオル、宿題をやってきたか？」と聞き、「イエス」というと、今度は厳めしい大きな声で、「レディス・アンド・ジェントルマン、今日は宿題をやってあるはずです」という具合なのである。——等々の理由から、私の楽天的な性格はいっそう明るくなり、相当に楽しい毎日を送っていたのであった。

そして私は、日がたつにつれ、だんだんと時間をつくっては遊ぶことも適当に覚えてき

た。

日本から東京の知人S氏（注：建築家・坂倉準三氏のこと）が来たので、ある日、私はシローという有名なナイトクラブに案内したことがある。私もはじめてのところである。

ところが案に相違して、恐ろしくつまらないところなのだ。着ているものが豪華というだけで、美女らしいものは全然いず、非常に若い、ティーンエイジャーのような骨のガツ出た女の子か、もう何が面白くてこんなところに来るのかと思われるような老人ばかり。客の種類はナイトクラブの性質上、しょうがないといえなくもないが、テーブルの置き方だって実に無趣味。灰皿はふちのかけたのがあったり、マッチを請求すればシローのでない使いかけのものをくれたりで、まるでお話にならない。

アンバサダーホテルのココナッツ・グローヴという有名な踊り場にも行ったが、大したことはなく最後にはS氏に申し訳ないような気持ちになってしまった。

こんなことなら、若い人達の娯楽場ともいうべき、スタットラーホテルの側にある、ゼンダというボール・ルームに行ったほうがはるかに気がきいていたのだ。

そこは、パートナーなしでも行くことができ、ホールの椅子に座っていると誰か来て踊りを申し込んでくれる。バンドはペレス・プラード（注：キューバのバンドリーダー。マンボ王と呼ばれた）など来るし、いつも一流だが、しかし土曜日しか開かないのだ。

やはり友人と、ある土曜日ゼンダに見物かたがた行ったことがあったが、国技館のような――とは大げさだが、とにかくものすごく大きなホールは大変な混みようで、いかにも若いセックスが乱舞しているといった印象を受けた。

友人はラテン系の女性に申し込みにいったが、見事、拒絶されて帰ってきた。誰とでも踊ってくれるというわけでもないらしい。しかし、踊った相手が気に入ったりすると、そのままステディともなることがあるようで、アメリカの若い人達が、土曜日ともなるとこの社交場に殺倒するのも、むべもなるかなと思わせる狂乱ぶりであった。二ドルさえ払えば入場でき、後は飲み食いしないで踊っているぶんには一セントもかからない。しかもパートナーは変え放題、まさに素敵なレクリエーションである。

S氏をシローに案内したのが申し訳なくて、私はその翌日、有名なハリウッド・ボールに案内することにした。

ちょうどその日マリアナが来たので、渡りに舟と、おんぼろ車に積みこまれて私達はビバリーヒルズを走っていった。

ハリウッド・ボールは谷間を利用した大野外劇場で、座席は三万を有するといわれている。その日は幸運にもナット・キング・コールが出演し、ビリー・ホリデイ等のジャズ演奏があるというので人気は沸騰し、そのものすごい観客は言語を絶する興奮ぶり。

キング・コールの声は、レコードで親しんだ声そのままで、話し声まであの太いさびのきいた声であった。ジェスチャーはあまりなく、いたって品のいい歌い方である。アンコールしてもちっとも高ぶらず、いつまでも歌ってくれるのだ。

大学では、これら有名人が出る時は席がとれない上、高くつくので、特別バスが仕立てられる。キング・コールにスクールバスが出るなんて、良きにつけ悪しきにつけ、さすがはアメリカだと思うのであった。

ロサンゼルスというところは気候がいい上に遊ぶところには事欠かない。有名人で、市の東北パサディーナ付近やビバリーヒルズに別荘をもっている人も多いが、この四季花にうずもれた極楽郷には、特に平均気温一二・九度（東京は三・八度）という冬期になると一〇万以上の人が寒い地方からやってくるのである。

私も、友人とパームスプリングというロサンゼルスから車で四時間ばかりかかるお金持ちの避寒地へ行ったことがあるが、タクシー代をなんと五〇ドルもとられてしまった。ここは日本でいえばさしずめ軽井沢みたいなところで、大通りの両側に並ぶホテルは皆プールがついており、つくりはまるでお伽話の御殿のよう。すべてが夢の国のようなのである。

私達は、その中でももっとも豪奢《ごうしゃ》なホテルで食事をしたが、ウェイターがナイフとフォークを静かに置いて、品位をもって注文を聞かれた時には、私はすっかり緊張してしまっやった。私達のテーブルの傍らで、すばらしい着こなしの美しい女性が静かにフォークをあやつっていた。

私はまわりの高雅な雰囲気に思わずうっとりしかけたが、私達の懐具合はすぐまた私達を車の中に連れ戻してしまうのである。

「やっぱり、車の中のほうが居心地がいいや」

友人の呟きに、私もつい同感の意を表わしてしまった。私の本音でもあったのである。私には熱中しやすいが、またさめやすいところがある。遊びへの関心もパームスプリング行きをピークにだんだん薄らいでいった。第一お金がないのだから無我夢中になるのは、はじめから無理な相談だ。

その頃、私はお茶目なマリアナに連れられてバーにもよく行ったが、そのたびに、その店のマネージャーが出てきて、慇懃《いんぎん》な態度で、

「未成年の方は、お酒は遠慮していただくことになっております」

といわれ、私をくさらせ、マリアナを喜こばせた。ひどい時には、一五、六に見られ、私はどこへ行くにもパスポートを持参しなければならなかった。外人には東洋人はひどく若く見えるものらしい。

私が同級生の南米人から結婚を申し込まれたのは、少し遊びすぎたなと思った頃であっ

た。

彼とは口をきき始めてから二週間足らずのことなので、さすがに私もウッとつまって返事もできなかったものだ。

「——とすると、カオルはやはり、ハイティーンではなかったのね」

マリアナは、私がプロポーズされたことを耳ざとく聞きつけて、どこまでも私をからかうのであった。

# 生活の中のアメリカ人

A

——私はアメリカの女に生まれなくてよかった。

渡米して数カ月の頃、私はしきりにそんなことを考えたものである。

私はすっかり驚いてしまったのだ。アメリカの主婦が、何でも自分の手でやってしまうので。

上流家庭や、映画、小説に出てくるアメリカ女性は知らない。いやたとえ下層階級でも、女性の地位はたしかに高いのだが、私の目には彼女らが、だから（日本の女性に比べて）幸せであるとはどうしても思えなかった。私はことあるごとに考えた。なるほどアメリカの男性は、さからうより先に女性の意志を通してしまう傾向ではある。つまりすべてレディファーストなのだ。しかし、と私は現実のレディファーストぶりをまのあたりにして思うのだ。そこには根強い女性蔑視の観念があるのではないか。むしろ、ガミガミとうるさいことを妻に要求し、「女なんて――」といいたがる日本の男性のほうが、口ほどもなく（アメリカよりもまだ）女性を対等に見ているのではなかろうか。つまり同じようなことができると考え、考えられているからこそガミガミも出るので、放っておかれた場合とは、いささか趣を異にするのではないか。

すぐ手が飛び、とっくみあいの喧嘩までしかねないが、その後はケロリとしてかえってこまやかな愛情にひたっているというような、日本の夫婦間ではよく見聞する光景は、アメリカではほとんど見られない。――いったいどちらが幸せで人間的なのだろうか。

余談はさておき、日本なら中流以上ともなると、女中さんもいるし、壁は左官屋さんを、庭は植木屋さんをと、すぐ人を頼み、奥さんはもっぱら指図する側である。

ところがアメリカの主婦は、めったに人に頼むということをしない。それは人件費がベラボーに高いからで、そのため彼女らは何でも自分でやってしまうのである。

服装のこと一つをとりあげても、ニューモードをあれこれ考え、いつもシックな装いをしているというのは、上流階級の有閑マダムか、これも有閑の学生達だけであることに私は気がついた。普通の主婦達の大部分は、実にいい加減なものを着て平気なのである。自分の洋服のことに半日か一日かけるくらいなら、彼女らはさっさとパートタイムで働きに出るのだ。だから日本と違って、近所の一〇セント・ストアはもちろん、一流デパートでも皆中年婦人がセールスにあたっている。日本ならさしずめデパートの売り子をしている若い綺麗なお嬢さん達は、この国ではさっさと結婚し、子供から手が離れるようになるまでは、つきっきりというありさまだ。うっかり子供を放りっぱなしにしておいて、万一、その子が怪我をしないまでも、近所の人に訴えられるような悪戯をすると、事によっては親の義務怠慢罪で、それなりの罰を与えられるのだそうだ。アメリカの親が子供を厳しく躾けるのも、原因はそんなところにあるのかもしれないのである。

そういうわけで、私ははじめの頃、デパートに行っても売り子が中年婦人なので、ものをすすめられても、まるでお母さんにものをいわれているようで、ハイハイとおとなしくいうことを聞いて買ったものであった。なんとなく、彼女らのいうことがその経験に基づいているようで、安心感が伴うからであった。

しかし、やたらにいうことを聞かないほうがいいことに、やがて気がついた。私が洋服を買いたいと思い、あちこち街の洋服屋に行ってみたが、およそズン胴で袖付が五センチぐらい下がっていても、彼女らは、

"It fits you."（ぴったりでございます）

とにこやかにいうのである。私はアメリカの流行と日本の流行はかくまで違うものかとほとんど信じかけたが、どっこいそうではなかったのだ。彼女らはどうやら歩合制なので、売りたい一心で、ましてや私が外人であるので、後は野となれ山となれ、私の手にとるものを見ては"It fits you."を繰り返すのであった。

サンフランシスコのデパートでクリームを買った時、小綺麗なおばさんから、これとこれをおつけなさいとたくさん並べたてられ、旅行中だからと断わると、おおそれなら、こんな入れ物に入っているのは旅行には便利だと、当時は珍しかった合成樹脂製の大型の瓶入りを出してきてくだくだと説明を始め、ついに買わされてしまったことがあった。なんと三〇ドルばかり払わされ、そのクリームは私が帰国する頃も並々と入っているほどのばかでかいものであった。

こんなに働く女性達も、勤めの後をノホホンとは過ごしていない。一セントでも安く売っている食料品の広告でも見ようものなら、山ほど買ってきてジャムにしたり、瓶詰めにしたり、長期保存の対策をねるのである。

休日ともなると、朝から壁塗りをしたり、椅子の張り替え、自動車の掃除、芝の雑草とり……といったい何のための休みかといいたくなるほどの働きぶりなのだ。そして夜になってはじめて映画に行ったり、知人宅を訪問したりするのだ。私ならどこへも行かずに寝てしまうであろうのに。まったく体力の差というのか、マメというのか、彼女達のやり方はスーパーマンさながらであると、私は感嘆するのだった。

どんなに綺麗なコートに身を包み、隆《りゅう》とした車に乗っている婦人でも、手の荒れていない人には、およそお目にかかったことがないほどなのも、お手伝いを雇うことを倹約して自分で石鹸水を使っての皿使いをするためで、そのせいか、テレビでは手を相手にしたコマーシャルが実に多い。

「あなたの手を守る○○石鹸」

「美しい手はあなたとともに、××化粧品」

「あなたの手を使わないでお皿の綺麗になる△△機」

とチャンネルをまわすごとに出てくるのだ。こんなに大変なんだから、と私は思った。洗濯機や皿洗い機などの発明も、主婦側の潜在的な強い要望にうながされてのことなのだろう。

特に洗濯機は広く普及しており、自宅に洗濯機がなくとも、洗濯機が五〇台以上もずらりと並んでいる洗濯屋に行き、そこで編み物でもしながら待っていると、一時間足らずのうちに乾燥機に入った洗濯物が、綺麗に乾いてくる仕組みになっている。ノリをつけたり、漂白したり、アイロンをかけたりまでも、別に料金を支払いさえすればやってくれるシステムになっている。私もよく昼食後の登校の際に立ち寄り、汚れ物をあずけ、学校帰りに大国主命《おおくにぬしのみこと》よろしく袋に担いでもち帰ったものであった。

日本にはこういう場所はまだないようだが、結構商売になると思うし、主婦連合会などもそういう場所をつくったりすることに力をそそげばいいなどと思うこともあるのだが……。

もちろん、日本にもあるようなクリーニング屋もあるにはあるが、そこに出すとずいぶん高くつく。私がパーマネントプリーツのスカートを洗濯に出すと二ドル（七二〇円）もとられ、おまけにプリーツが全部伸びてしまった。

「アメリカはお金さえあれば便利で楽しいけど、そうでなければ、ずいぶん住みにくいところよ」

私は、後に留学してくる友人に、よく柄にもなくいって聞かせたりしたものだ。物価が高いのは当地の主婦が諸事自分の手でやってしまうのを見てもわかるが、たとえば少し風邪気味なので医者に診てもらったら、舌をペロリと出しただけで一〇ドル。その上指示によって、医院の前のドラッグストア（薬屋）に行くとケチな薬をくれて五ドル。それも、「留学生さんだから、おまけしておきます」だから、いったい留学生でなければどんなことになるのか。医者にも安心してかかれない始末なのだ。

そういう点はアメリカの女学生もよく承知していて、ショートカットを自分でやってくるし、男の学生も家の人にやってもらって、ザンギリ頭でやってきたりする。

ある時、クラスの日本男性が、なんと懐かしい丸坊主になって現われたことがあり、皆をギョッとさせたり笑わせたりしたが、わけを聞くと、大変気の毒な事態であることが判明した。アメリカの床屋は大変に高いので、バーバーカレッジ（理髪学校）なら五〇セントでやってくれるということを聞いて行ったところ、こちら切ればあちら合わずといった調子で、ついに一分刈りとなってしまったというのだ。

彼がすっかり諦め切った顔をしていったことがふるっていた。

「これで当分、床屋に行かなくてすむから、かえって大助かりさ」

こんな事態は、だから学生間では随所に見られるのだ。女子学生も、およそ洋服を仕立てたりするような不経済なことはしない。吊下り《つりさが》（注：既製服）で間に合わせるか、そうでなければたいてい自分でつくるのである。洋裁ぐらいよく知らなくても、すばらしい既製服の型紙をどこででも売っているから、スタイルブックを見て「Aの二三図のサイズをください」とその型紙を買ってきて、自分のサイズに合わない時は、ここの線を切り紙を広げるとか、ちぢめるとか書いてあるところをその通りにして、アジャストすればいい。

アメリカのこの型紙システムは便利で広くゆきわたっており、日本でぜひ真似したいことの一つである。

とにかく、みんな自分でできることは、できるだけ自分でやってしまおうとする。お金はなるべくかけないようにするのだ。

私も、先にも書いたが、在米中、日本から持参したスーツ二着で押し通してしまったが、周囲のこんな空気に助けられたからできたことでもあったのだ。さすがに、最後にはお尻やひざ口がピカピカに光って体裁の悪い思いもしたが、

「見栄を張ってどうする。もっと太い神経でなければ留学なんてできやしない」

でとうとう頑張ってしまった。

物価が高いのは、しかも当然の理屈として人件費、つまり働く人の給料がいいことにその直接の原因があるようであった。だから逆に見ればこういうことにもなる。

ある時、私は兄に手紙を書いた。

「お兄様はまだお嫁さんはいないのですか。もし恋人探しもこれからなら、私は衷心から御忠告申します。お花か、日本料理か、日本舞踊、お茶、その他日本的手芸のできるお嫁さんを探すことです。そういうお嫁さんとこちらに来ると、巨万の富が得られます。もし

そういう人がいないなら、お兄様自身が社交ダンスの免状をとって、もってくれれば、一時間だか一ダンスだかで最低五ドルのお礼がとれるそうです。一八〇〇円ですぞ。もっとも、私の友達で大阪から来てる人がそのアルバイトをして、大八車を引いているほうがもっと疲れないだろうといってやめてしまったけれど……。

Nさんなんかも日本でピーピーしていないで、彼は機械関係に強いんだから、こちらに来れば八時間で少なくとも一五ドルは稼げるのに。とにかく、こちらでは技術とか特別な才能があればパリッとしたものです。どうです、お兄様、こちらにいらっしゃいませんか」

兄から折り返し返事が来た。

「それならかおるも何かアルバイトを見つけて、ニューモードの洋服でも買ったらどうだい。お尻のピカピカ光っている妹がアメリカにいるかぎり、恥ずかしくて兄貴は行きたくとも行けやしない」

しごくもっともな返事ではあった。

B

できるだけ多くのアメリカ人と接してみよう。そう思っていた私は、再三にわたって下宿先を転々とした。そして、下宿先の夫婦をそれとなく観察したものだが、思いのほか仲がいいのには拍子抜けする思いであった。

「離婚」といえば「アメリカ」とすぐ名も出るくらいだから、険悪な仲の夫婦もさぞかし、と期待に似た気持ちすらもっていた私だったのである。だが考えてみれば、仲がいいのは当り前で、仲が悪ければさっさと離婚してしまうのだから、良いのが残るのは当然すぎるほど当然な現象であるわけだ。

私が一番はじめにアメリカ人夫婦というものに接したのは、牧師の家に越してからであった。

夫人は三〇歳そこそこに見え、一見、良妻賢母型であったが、大変に気品のある美人であった。牧師はもう白いものも混じる五〇歳ぐらいの人で、いつもニコニコとしていたが、時たま赤や青のものすごく派手なチェックのシャツを着たりして私を仰天させた。

ある日、私が引っ越しして間もない頃、私が居間でよく飼い馴らされた小鳥と遊んでいると、夫人がピアノを弾き始めた。ショパンだった。その弾き方はもの静かで、いかにもその夫人らしく、私もうっとり聴きほれていたが、その時、牧師が居間に入ってきて、

「あなたのピアノはいつ聴いてもすばらしい」

といい、ソファに座って聴き始めた。夫人は品よく微笑んで、

「今日は何の日かご存知ですか」と問う。私は傍らで、結婚記念日なのかなと思っていると、旦那様は小首をかしげ「何の日でしたろう」と思いつかないふうである。

「お忘れになりまして？　今日はあなたのお誕生日ですのよ」

「オオ、ありがとう。私はすっかり忘れていました」

と旦那様はいって、夫人の側に行き、彼女の肩に大きな手を置いて、ピアノに合わせて歌い始めた。

“I love you truely ……”

彼の歌声は実に見事なものであった。朗々として青年のようであり、音程も非常に正確で気持ちのいいものである。

歌い終わると二人は接吻した。私はまだ、こんな場合を見慣れていなかったので、驚くと同時に、思わず首の根まで熱くなってしまったが、見ていてもしっとりした味わいのある羨ましいような風景であった。

私はこの夫人をてっきり後妻だと思いこんでいた。というのは、この家には私がジャンケンポンを教えた七歳と五歳の男の子がいるだけで、食堂に写真が飾ってある、すでに妻帯者の長男や、今年大学を卒業する次男は、夫人の歳からして、夫人の子だとは考えられなかったのであった。

ところが、牧師の父がはるばるアイオア州からやってきた日のこと、牧師がこんなことをいった。

「あの牧場は忘れられませんね。三〇年前、私がエルバ（夫人の名）に会ったところですから」

そうして夫人を見てニッコリ笑うのだ。

「結婚してもう何年になる」

牧師の父が聞くと、夫人が、

「やがて二七年になりますわ」

と答えたのには私は驚いてしまった。なんて若々しい夫人なんだろう。

一事が万事この通りで、この夫婦間の落ち着いた愛情は、それまで結婚なんてと一笑に付していた私の概念をたびたびぐらつかせるに充分であった。

仲がよいばかりではない。この夫妻には思わず目を見張るような礼儀がいつも存在しているのだ。外国人の夫婦なんて人前だけ——とはよく聞くことだが、この二七年もたっている老夫婦の間には、いつもいたわりと尊敬がしっとりと行動ににじみ出ており、いつか私は羨望の眼で見守っている自分に気づくのであった。

夕食の席だって、夫人が食卓を並べ終え、ようやく席につく頃は、牧師は椅子の傍らに立っていて夫人の椅子を押す。食後、夫人が読書する時など、ちょっと夜気が冷やされたりすると、牧師がブランケットをもってきて膝にかけてあげたりする。

ここに住んでいる間中、私は夫婦というもののお手本の中にいたようなものだったのかもしれない。ここにいると、嫌でも、結婚とはしてみてはじめてその二人で人間的なものを完成するのだという結論にみちびかれてしまうようだった。結婚するまでは男も女も半端な人間で、その二人が寄ってその半端を補い合うのだ。二人ともお互いにお互いが必要なのだ。

「ベターハーフとはよくいったものだ」

私は今さらのようにそう思うのであった。

私が見たベストカップルはここだけではなかった。

カリフォルニア大学教授ドクター・デイヴィッドの家庭もそうであった。夫人はまだ一〇代だったが、その美しさも趣味のよさも、牧師夫人と匹敵するトップレディであった。

ある日、用があって私がその家庭を訪れると、間もなく教授が愛妻のために花束をもって帰ってきた。ここまではいかにもアメリカ的であったが、教授は私が来ているのを見ると、早速、日本のビールを出してくれ、自分はブランデーなどを飲み始めた。ところが、彼はそのまま座りっきりで、夫人はと見ると夕食の仕度をしたり、私達に何か運んだり、一人で立ち働き、まことに日本的な（？）様相を呈してきたのだ。夕食後も、話に熱の入った教授のコーヒーが冷めてくると、夫人は、彼は冷えたコーヒーを嫌うからと、自分が立ち上がって取り替えに行く。もっとも、夫人は大変に東洋に興味をもっているとかで、率先して日本的な女らしさを実行していたのかもしれないが、まごまごすると世界の男性の夢である「女房は日本ムスメを」というのも、アメリカ娘にお株をとられかねない、と私は思ったものであった。

私は、私と同様、お転婆娘の友人に以上の教訓を含めて手紙を書いた。

「……つまり男ってものは私達の必需品なのよ。大掃除にしろ、引っ越しにしろ、かよわき女性一人じゃできかねる。亭主は人夫にもなり得る素質をもっているのです。亭主だって、座って新聞を読んでいる間に食卓の用意ができるんだから、女房というものは便利だと思うに違いありません。とにかく今まで一人でやっていたことを二人でやるのだから、楽になるのは自然の道理。病気になった時なんかことさら楽よ、亭主が全部やってくれるもの。創造の神って、やっぱり無駄なものをおつくりにならなかったわけなのよ」

まさか私のふざけた手紙にそそのかされたわけでもあるまいが、ついに結婚を決行した友人が、最近はじめて私に手紙を寄こした。

「今のところ、思ったより経過は良好也。だけど、かおるのいうほどラクチンなものではない。大掃除はまだなく、引っ越しもない。しかし、亭主とはあまり邪魔な存在でもないことはわかった。とにかく黙っていても給料が入ってくるのだから最高である。しかし、かおるよ、あなたはなぜ目の前のケーキに手を出さないのか。時刻としてもお腹が空いている頃だろうに――」

とかく結婚した人のよくない点は、未婚の人にやたら余計なおせっかいをすることである。

C

牧師の家は私の二度目の止宿先であった。最初は殺風景なアパート暮らしをしていたのだが、人恋しくもあり、この機会にアメリカの家庭をつぶさに観察しようという魂胆もあって、牧師の家に引っ越したのだけど、次男が帰ってくるため、また引っ越さなくてはならなかった。

三度目はエルザという三一歳になる未婚女性が一人で住んでいる家であった。

「私とあなたは大変似ている」

移って間もなく、エルザはこういって私を面喰らわせた。いったい何が似ているというのだろう。私はしばらくは見当もつかなかったが、やがて「おやおや」と苦笑しなければならなかった。

私はお尻の光っているような服を一年以上も着ていられるほど、当地では不精がすさまじくなっていた。とはいえ、である。それもすべてにこまごまと几帳面な美点をもっている日本女性の中では比較的不精であるかもしれないが、「私とあなたは（不精なところが）大変似ている」なんてとんでもない。いくら私でも、その点でエルザと同等に見られるのはなさけなかった。

私がこれまでいろいろと見てきたことを要約してみると、一、二、三の例外を除いて、アメリカの女性は生活に〝美〟をもちこむことが下手だった。ゆったりとした広大な風土をもっていることからくる国民性もあるのだろうが、すべてに大まかすぎるきらいがあるのだ。

小手先が器用で、整頓好きな（もっともきちんと整理しなければ自分の居場所もないほど狭い国土のせいかもしれないが）日本人にとって、ただただ驚きあきれるしかないような場面にぶつかることが少なくなかったのである。

エルザもそういう点では、アメリカ女の特性（?・）をいかんなく発揮した。たとえば、夕食の仕度を見てもわかる。彼女は野菜を料理するつもりなのだろう。まずお鍋にいっぱいお湯をわかし、さて野菜を小脇にかかえるようにして小刀をとり上げる。アメリカ人は俎《まないた》とか日本式の庖丁は使わず、その小刀でじかにえぐるようにして、野菜をお鍋の中に切り落とすのである。もちろん、サイズは目茶苦茶で、できあがりは私にいわせるとさんたんたるものであった。特にエルザの場合、普通リノリユームを切るのに使うようなナイフを、刃を内側に向けて不器用にあやつるのだから、何をかいわんだ。

さてなんとも奇妙な野菜料理ができる。彼女はジュースと一緒にそれを食べるつもりらしい。ところがコップというものが、エルザ家にはどこを探しても見当たらないのだ。申し遅れたが、やかんもなく、お鍋には蓋もないというエルザ家の台所なのだ。

しかしコップなどなくても、彼女は一向に気にしてる様子はないし、困るようなこともないらしいから摩訶《まか》不思議なのだ。彼女はマヨネーズの空瓶を探し出し、それで平然とジュースを飲むのであった。

そんなエルザが、私を饗応するのだと昼間からはりきって「メキシコ料理」を御馳走してくれたことがあった。ああ、その日の昼からの私の嬉しさ⁉︎ ありがたさ⁉︎――「メキシコ料理」とは日本でいう焼鳥みたいな肉料理であったが、本来なら竹串か揚子で肉をつなぐところを、エルザ家にはそんなしゃれたもののあるはずがない。

「カオル、すまないけど箒《ほうき》をとってきてくれない」

常に奇抜な発明心（?）のある彼女は、少しもためらわず、箒のわらを揚子の代用にしたのであった。

郷に入れば郷にしたがえである。私は覚悟を決めて食卓に着いた。

「カオル、私の料理の腕前も相当なものでしょう」

私は肉が喉に引っかかって目を白黒させた。

「さあ、たくさん食べて、ジュースもどうぞ。ジュースにはビタミンがあるから、おおいに飲むべきです」

私はマヨネーズ・ジュース（?）も胃袋の中に流しこんだ。そんな私をエルザはしごく満足そうに見守って、自分はロクに食べもせずこういったものである。「自分で料理すると、できあがった時にはちっとも食べたくなくなるという経験は、カオルにもあるだろう。私はもういいからカオル全部食べなさい」

私はおおいに感謝の意を表明した。

とにかく文句なしにエルザは人がいいのである。「私はすごく倹約家です」といいながら、ガソリン代をかけて遠くのデパートで一〇セントの買物をし、近所の店より三セント安かったと喜び、ジュースは一日たつとビタミンがなくなったといってポイと捨て、人参が少ししおれると、ノー・ビタミンといって捨ててしまうのであった。

「無類の好人物だけど」と私はつくづく思うことがあった。「少しおかしいんじゃないかしら」

綺麗な人なのに三一歳にもなってお嫁に行かないなんて、この国でも珍しい存在なのである。

ちなみに、エルザは南カリフォルニア大学出身のインテリで、五四年製の車をもっており、独身主義者というわけではない。私が手相を見て、あなたは三〇歳前後で結婚するというと、キャアキャア奇声をあげて喜び、「メキシコ料理」の饗応にはそういった私への感謝がこめられていたのだった。

私とエルザは、なるほど似ていたのかもしれない。二人は意気投合することもままあり、すっかり打ち解けた仲になった。けれど、私はまた止宿先を変わることにした。エルザの家は学校から少し遠すぎたし、友人が見つけてきてくれた今度の家は、学校にも近く、しかも一軒家というのが私には大きな魅力だった。心おきなく、スルメの足を焼けるなんてことは、留学生にとって大きな贅沢なのだ。

もっとも、不便なこともあった。居留守が使えないことだ。私がまたお人好しのせいか、「お願いだからカオル、夕食につきあってください」と言ってきたりするクラスの友人がままあって、断わるのに一苦労しなければならなかったのだ。私はある日、半日がかりで「面会謝絶」の下げ札をレイアウトした。

新しい大家さんはノルウェー系のおばあさんで、リストやガーシュインを弾いても楽しんでいる上品な老婦人であった。ピアノを弾いていない時はひねもす絵を描いている。

その彼女に、

「あなたは芸術家の素質がある人だ。絵も描くだろう」

といわれたことがある。ある日、コーヒーに呼ばれた時のことである。

「おお、私がアーチストですって?」

私は面喰らった。するとと彼女はニコニコしながら説明するのだ。

「とぼけたって駄目だ。私にはよくわかるのです。第一に、あの〝面会謝絶〟の下げ札だ。絵を描いてる人でなければああ巧みにレイアウトできるものではない。第二に……」

第二の理由は、私の生活態度が芸術家のそれであるというのだ。説明を聞いて私はむしろあきれてしまった。

私の生活態度――それはもはや飾る言葉もないほど荒涼たるものであったのだ。

ちょうど試験期だということもあった。それにそれまで、エルザと一緒に生活してきたこともあっただろう。人は低きにつきやすい。私は一軒家に住む気ままさから、不精は極限に達していたのであった。

家の中ではガウンを着たまま。その格好で、おにぎりとお魚を片手にもって辞書を引くという調子なのである。そのおにぎりは、私がいつも宿題を見せてあげる広島出身の女性留学生が、その報酬（?）として、紙のパイ皿に入れてもってきてくれたおにぎりであることもあった。彼女は二世の老人夫妻の家に住んでいたが、その老人夫婦のために御飯を炊くので、もってきてくれるおにぎりもやわらかすぎて、日本での私なら見向きもしないような代物だ。しかし、私はそれでも喜んで食べた。深夜、おにぎりをパクつき、お魚の骨をしゃぶっている私を母が見たら、卒倒してしまうかもしれない、と私はよく思った。

しかし、私などまだいいほうで、こちらで苦学して留学している人は気の毒なものであった。結局、どっちつかずの妙なことになり、疲れきっていつも青い顔をしており、試験期にもなるとオロオロしているのだ。私の友人も二人、ついに学業を放棄して帰国した。お金のない結果なのである。

ともあれ私の〝芸術家的生活態度〟が体にいいはずはない。試験期も終わった頃にはなんだか体中がおかしくなり、ある時ふと鏡をみて、目の下に小皺ができているのを発見した時、さすがに私も狼狽してしまった。少し勉強がすぎたのだ、そう解釈して街の計量器で計ってみると、案に相違して二ポンド（注：〇・九キログラム）も増えている。私は複雑な心理的混乱に見まわれた。最高に憂鬱である。

こんな時には早速、気分転換を図るのが利口な方法だ。ノイローゼから本当の病気になっては元も子もない。私は勝手な理屈をつけて、友人と語らって、某日、ハリウッドの最高クラスのナイトクラブ「モキャンボ」へ車をすっ飛ばした。ヤケ気味だったのだ。

私はマンボを踊った。踊りに踊った。

するとみんなは場所を空けて、東洋の美女（と、まぁしておこう）が憑かれたように踊り狂うさまを見守り出した。周囲はすっかり私に圧倒された形である。私はすっかりいい気分になって凱旋した。

……が、「面会謝絶」の札のかかったドアをいきおいよく開けた途端、お魚くさい空気がなまあたたかく私を迎えてくれたのである。

D

エルザにしても、新しい大家の老婦人にしても、家族はいるらしいのだが、彼女らは、家族と離れて一人っきりで生活していた。個人の領分をお互いに侵さない、いい習慣だと考えられないこともないが、私の目には時に彼女らがひどく淋しげに見えることがあった。

「淋しくないのですか」

私は老婦人に無遠慮に聞いてみたことがあった。

「淋しくない。一人で退屈すれば友達の家や子供達の家を訪問すればいいのだ」

彼女の答えはこうであった。実際、私が思うほどには淋しさは感じないらしい。そういうものだと思っているようである。

日本人ももっと個人主義に徹すべきであるかもしれない。家族制度に拘束され、べたべたと義理人情にしばられることから一日も早く卒業すべきかもしれない。しかし、理屈としてはよく理解できても、私には自分の母が老後一人でひっそり暮らしている図を考えることは、耐えられないことであった。

だが、アメリカでは、子供が大きくなって家庭でももつと、親はそれまでに貯めた小金をもって他で独立して生活することは、普通のことであるらしかった。

私の家の隣の、小さなゲストハウスに引っ越してきたバージニアという老婦人もそういうケースの一人であるらしかった。愛くるしい顔をした小柄なおばあさんで、身なりはあまりよくもないが、顔つきにガツガツしたところがなく、私に出会うと顔中を笑いにうずめるようにして「ハロー」という、気のよさそうな人であった。

しかし、何もしていない閑人のようなので、私は努めて口をきかないようにした。うっかり親しくなって私の家にでも来て話しこまれると、それこそ足りない時間を浪費させられることになりかねないと用心したのだ。

しかし彼女には大変な趣味（？）があった。もっとも考えてみれば、一人っきりで何もしないで過ごせるわけはない。

ある日、私が大家さんに呼ばれて居間に行くと、立派なかっぷくの男性と、中流階級らしい人妻、それに隣のおばあさんを加えて、これから、この男性のもっている録音を聞くところだから、一緒に聞いてみろという。その前に大家さんは私を陰に呼んで、「ものは試しだから聞いてごらんなさい。あのテープには神様の声が入っているというのですよ」と笑いながら囁《ささや》いた。

ハハンと私は納得した。この人達はいわゆる新興宗教の信者達なのだ。しかし、その青年紳士や、人妻の顔や動作には、マニアックなところなど見られない。ただ隣のおばあさんだけが幾分はしゃぎ気味という程度である。

テープがまわり始めると、男の声が聞こえてきた。みんな慎重な顔をして聞き入っている。時々、広い部屋でものを叩くようなコーンという音がする。と青年紳士は、静かに皆の顔を見まわしながら、

「この音がどこからどうして入ったかわからないのです。実に神秘だ」

と説明すると、人妻はもっともだというように頷いてみせる。この録音はインドでとってきたものだそうで、この青年はインドに一三年も滞在し、今度、神の用でアメリカにちょっと来た由、またすぐ中近東経由でインドに帰るのだとおばあさんがいった。

その四、五日前、おばあさんは私に、自介はカイゼル（注：ドイツ皇帝ヴィルヘルム二世）の孫であるといって聞かせたばかりであったが、この宗教のお偉方であることも、この時にはじめて知った。彼女はゲストハウスでも時々神のお告げを聞いているのだそうだ。

それから数日後、私が本を抱えて学校から帰ってくると、足音を聞きつけたのだろう、「カオル、カオル」とおばあさんが大声で私を呼びながら飛び出してきた。何事かと足を止めると、大変に興奮して、たった今、神とお話をしたら、あなたにも関係のあることをいったというのである。私は吹き出しそうになったが、そこは努めてさりげなく、おばあさんのペースに合わせた。

「神様と私は長い間お話ししたんですよ。そうしたら、あなたのことを神様はとても重視しているとおっしゃったのです……」

彼女は息をついだ。

「それで?」

悪くない話だ。私はちょっとテレて笑った。

「実は、あなたはアメリカと南米と日本を結ぶ大物となる人です。そのために、神様はあなたを殺すわけにはいかないので、このアメリカに呼んだのだそうです」

「私を殺す？」

「そうです」と断定して彼女はまた息をついだ。「危ないところだったのですよ、カオル。日本は遠からずその半分ぐらいは水の下になってしまうのです。沈んでしまうのですって。それで神様はその危険からあなたを逃れさせ、ここに呼んで勉強させ見学させているのです」

ぶっそうな話になったものである。彼女はまだ興奮していた。

「今日のお話はとても長かったし、速記をとったので、くたびれてしまいましたよ」

「なんですって？　速記ができるんですか」

「ええ」

彼女は自若としている。

「まあ、神様との会話の速記なんて、私、ぜひ拝見したいと思いますわ」

私がそういうと、彼女はなぜかちょっと嫌な顔をしたが、すぐ頷いた。

私が本を抱えたままおばあさんの部屋に入ると、相変わらずごったがえしで、愛犬数頭が私にじゃれついてきた。彼女の生活をなぐさめてくれるものには「神様」のほかに、この「犬」があったのである。

「おやおや、犬が速記の上を踏み荒らして……」

と呟きながら、彼女はベッドの上から新聞をとり上げ、私に手渡した。私は唖然とした。

「これがそうですの？」

「イエース」

とおばあさんは笑っている。

私は少なからずゾーッとしてしまった。その新聞紙には、一面にただ鉛筆の跡がのたくってあっただけなのである。それはちょうど、ペンを買う時の試し書きのようなものであった。私はその鉛筆ののたくりの中に、違った波打ち方でもあるのかと、その文面（？）に目を凝らしていると、おばあさんは満足げに話しかけてきた。

「カオル、今や時代は重大な時期にさしかかっています。ソビエトの魔手は南米に伸びているのです。ペロン（注：ファン・ペロン。アルゼンチンの軍人、政治家）はソビエトの手によって国外に追放されてしまいました。ベネズエラにもその魔手は伸びるでしょう。そうなった暁は、アメリカの危機です。米国の危機はやがて日本にも及びます。カオル、あなたは体を大切にして、しっかり勉強して、世界の平和を守る任務があるのです」

私はおとなしく聞いていた。しかし、今の私には国際情勢よりも、速記のほうに好奇心が集中していた。

「ねえ、バージニア」

私はとうとうこらえきれずに口を切った。

「イエース」

「ペロンっていう字は、この速記の中のどれがそうなの？」

すると彼女は、ちょっとひるんだかに見えた。がすぐ平然とした表情に戻って、

「おお、これです」

ちらりとも探さず、彼女がサッと指さしたところは、まったく他の部分と変わりない、真中あたりの、のたくりであったのである。


袖すり合うも他生の縁とはよくいったもので、はじめバージニアとは勉強のさまたげになるから深くはつきあうまいと決心した私が、そのうちに彼女の面倒を（正確にいえば彼女の愛する犬達の面倒を）見るようになっていた。そしていつしか私は、この犬達のために残飯集めをするようにまでなりはてたのだった。そんな私を見かけると、

「アッ、屑屋《くずや》が来たぞ」

「カオル、アメリカくんだりまで来て、屑屋はやめたらどう」

などと、級友達は口々にからかい、諫めもした。しかし私にしてみれば、屑屋と呼ばれるのが嫌でやめられるような状態ではなかったのである。隣のおばあさんの黒犬が五匹も仔を産んで、母犬のお乳だけでは足りなくなってきたのだ。

バージニアはその頃はもう「神様」のことは忘れたように口にしなくなっていた。彼女の家では、ただでさえ器がないところに犬が六匹もいるのだから、一つのお鍋に犬の御飯を入れ、六匹の犬はその中に頭を突っこみ、押し合いへし合いしていた。バージニアはそのありさまをベッドに座ってしょんぼりとひねもす見ているのであった。

私ははじめの頃、私の食べきれないものを、失礼ながらと差し上げたのであるが、彼女が相好を崩して喜んだので、もっとほかにと思ったのが屑屋開業の原因であった。育ち盛りの仔犬には食糧がいくらあっても足りるということがなかった。

まず私は、米食好きの友人が下宿からサンドイッチをもたされるので嘆いていたのを、払い下げてもらうことにした。その代わり私が御飯を炊いて提供するのである。またレストラン等で食事をしても、残りの骨を犬にやるからと堂々ともって帰った。しかし、それでもたかが知れていた。仔犬達は手ぶらで帰る私にも必死に尾を振るのだ。その結果、学校のランチタイムに、皆の食べ残したものはたとえパンの切れ端でももらって歩くことになった。これならどう見ても、立派な屑屋である。

元来、私は小さい時から祖母に物を無駄にするな、食物を粗末にするな、ときびしく躾けられ、その上、戦中戦後に至っては、食糧難時代を身にしみて味わっている。食糧の豊富なアメリカにいたって、食物を捨てるということは言語道断、祖母には聞かされない話であり、また、捨てたりすれば心がチクチク痛む私である。

だから屑屋と呼ばれようが、その食料が立派に食品としての最後をまっとうするかぎり、それに、それを喜んで待っている犬達がいるかぎり、私は一向苦にならなかった。事実、チック・ヤングの漫画「ブロンディ」の犬そのままに、犬達は私の靴音を耳ざとく聞きつけて、その閉じこめられた部屋のドアに弾丸の如く集まるのである。それが犬好きの私にはしごく満足なのであった。

ところが、ある日学校から帰ってくると、おばあさんの家の前で、大家さんとおばあさんが激しく口論している。私の姿を見るとおばあさんは家に飛びこんでしまい、大家さんは私を呼び止め、

「カオル、人間の住む家に犬を六匹も住ませ、ドアや窓を壊し、カーテンを引きちぎり、その上、この犬達が空腹のため昼夜となくキャンキャンキャン鳴きたてる。はなはだ迷惑とは思わないか。私は今、彼女に立ち退きを要求したのだ。収入がパンション（養老年金）だけで、食べさせるお金もないくせに、よくもこんなに犬を飼えたものだ」

と悲憤慷慨《ひふんこうがい》の面持ちで訴えてきた。

大家さんのいうことももっともだが、私はおばあさんの犬好きをよく見ているから、追い出すなんてことはとても残酷で、なすべきことではないように思えるのだ。私の生活がこれ以上切り詰められるものなら、おばあさんと犬達の生活を見てあげたいくらいである。

しかし大家さんにしてみれば、そうはいかなかったのだろう。その翌日、犬の鳴き声があまり激しいので外に出てみると、制服を着た男の人が隣の家のドアの前に立っていた。動物愛護会から無鑑札の犬を引きとりに来たものらしい。けれど、おばあさんは犬とともに家の中に閉じこもって出てくる気配はない。

人のよさそうな男はほとほと手を焼いていた。中のおばあさんと話をするにしても、犬の鳴き声でさまたげられ、何度も同じことを大声で繰り返して、すっかりくたびれ果てた様子である。彼は、私がムッとした顔で突っ立っているのを見ると肩をすぼめて苦笑いし、うるさくしてすまないと謝った。

「いいえ、でもどうするつもりなの」

私が聞くと、

"I don't know."

と彼は答えた。そして、しばらくすると彼はもう一度叫んだ。

「犬達はまだ仔犬のようですね。鑑札を納めるのは六カ月以後からですから、まだここに置いていてもいいのですよ。それまでに人にあげるなり、鑑札を受けるなりしてください」

私はなんだかホッとして、

「ありがとう、おばあさんが喜びますわ」

というと、彼は笑って、

「あなたも、でしょう。私もですよ。もう私がここに来る用事がないといいですね」

といって帰っていった。

私は急いで、裏の破れガラスのところに走っていった。おばあさんはと見ると、いつもニコニコしている彼女が、今日はベッドに腰かけ目を真赤にして二匹の犬をしっかり抱きかかえている。私を見るとクシャクシャと笑って犬を放したが、まだ鼻をすすり上げ、頬を涙で光らせていた。私もシュンとなってしまった。

「どうするの、バージニア」

「心配いりませんよ、カオル。神様が全部もらい手があるとおっしゃいましたから」

その言葉通り、数日後、どこかの大工さんが孫のバースデー・プレゼントにと、一匹連れていった。おばあさんは、その犬の後を追っては、何回となく、大事にしてくださいよ、気をつけてねといいながらついて行き、帰った時はトボトボと悲しそうに、肩をガックリと落とし、うつむきかげんで元気がなかった。

しかし、その後は犬達も大きくなる一方で、逃げる子はいても、可愛いと寄ってくる子はいなくなり、もらい手も一向に現われようとはしなかった。おばあさんの一張羅《いっちょうら》も犬に引きさかれて見るからに哀れである。

大家さんは、また私にこぼしはじめた。バージニアがもう幾週間も家賃を溜めているので、出ていってくれといっているのに出ていかない。仕方がないから警察を呼ぶのだという。大家さんはお金に困っている人ではないし、あのゲストハウスだって物置きにしていたのを、おばあさんのために空けたくらいなのだから、家賃を溜めたくらいでは何でもないのだ。大家さんが嫌なのは、残った五匹の犬なのである。

だが、警察を呼ぶ必要はなかった。

いつの間にか、隣の私でさえ気づかないうちに、バージニアは犬と一緒にいなくなったのだ。夜逃げである。

私はそれと悟って暗然とする思いだった。

可哀想なバージニア。お金もなく、家もなく、あるのは何も知らずに尾を振りながらまつわりつく犬達と愛情だけだ。

私は無常感にとりつかれた。もし彼女が一人ひっそり暮らしているぶんには、人は彼女に迫害を加えることもなかったであろう。ただ犬を、それも心の底から可愛いがったために、結果的には他人の領分を侵し、おびやかし、ついには彼女自身が無惨に追っぱらわれることになったのだ。犬を愛すること自体は、決していけないことではない。

私はそこでハタと胸を塞がれるのだ。

「すべてはお金のせいである」

お金さえあれば、たとえ彼女が百匹の犬を飼っても、世間はそれを赦すのだ。では、お金がなければ人は犬を愛することもできないのか。

バージニアのような事態が生じるということは、今の人間社会のどこかが狂っているからではなかろうか、と私は思うのだった。

私は日本に帰るまでに、食物が残るとふっとバージニアと犬達を思い出した。そして一種の義憤にかられるのだった。

人はそれを私の感傷というかもしれない。「世間にはよくあることさ」と冷然と私の気持ちを突き放すかもしれない。しかし、と私は声を大にして訴えたいのだ。そこには私達が忘れかけた大切な何かがあるのではないかと。

# Ⅱ 台湾

# 夜のコックピット

二年間の留学を終えて日本に帰ってきた時、当座は日本が、東京という都会が、私にはせせこましく思えて仕方がなかった。

留学前は、外国から帰ってきた人がハンで押したように「狭い、汚い、騒々しい」というのを、「てやんでぇ、キザっぽい」と反感をもって聞いたものだが、自分がアメリカから帰ってくると、やはり「これは――」と思ったのだ。「これは大変だ、なんとかしなければ……」

けれど、何をどこをどうする、などと深く考えるより先に、私はまたどこか外地にすっ飛んでいきたくてたまらなくなった。

そんな時である。東南アジアのほうに行かないかという話があったのは。私が渡りに舟と喰いつかないはずはない。

「行きます。行きます。ぜひ行かせてください」

かくて私は、再び羽田からまず台湾へ飛び立つ身となったのであった。

トランクやテープレコーダーなどゴテゴテと荷物をもち、仕事関係の人々に見送られながら、

「台湾や東南アジアは、日本統治中にいじめたので、住民が反日に凝りかたまっているから気をつけろよ」

などと驚かされて、アメリカ留学の時とはまったく違った雰囲気のもとに、羽田を発ったのは正月の午後五時。旅立ちの気分はいつもちょっぴり湿っぽくていいものである。

機内は金と黒で彩られていて、とても飛行機内とは思えない華麗さである。中国ふうのアーチのドアから、黒と赤の縁どりをした支那服を着たスチュワーデスがにっこり笑って現われる。彼女らは歩くにしろ、立ち止るにしろ、どのポーズがもっともチャーミングであるかを知っている。絨毯《じゅうたん》の上も、可愛い支那靴で音もなくやや外股気味に歩いてきて、一人ひとりの乗客に愛想を振りまくのだ。お腹が空いているかとか、何か飲みたいかとか聞いて歩いているのだが、そのつど、かがみ腰になるとスリットの間からすらりと伸びた足が大胆に現われる。ハッとする美しさだ。

心得たもので、一人は東洋美人、一人は国際的スタンダードのモダン美人であった。し

かし、二人とも男よけ（?）のマリッジリングをはめている。嘘にしろ本当にしろ、彼女らにはそれは必需品であろう。女の私が見ても素敵な人達だから、男なら……。私は注意して彼女らの姿と男客の顔を盗み見た。

はじめはおとなしかった乗客も、慣れとアルコールの度合いが増すにつれ、乗客同士で話をし始め、お互いが間接的にでも知り合いであったりして気楽になってくると、話の傍ら、時たま通りかかるスチュワーデスを、上から下まで相好を崩して無遠慮になめるように眺めるようになった。私はそんな彼等を見てニヤリと笑う。そこに男の弱さ、あさましさが露呈していると思うからである。

狭い室内には各国人の顔が見える。黄色人、白人、黒人。みんなが和気あいあいと、飲み、くつろいでいる。なかでも米国の少佐が、日本からテープレコーダーの掘り出し物を買ってきたといって、無邪気に機内中の人に自慢している。ＰＲ満点、メーカーはおまけをつけても足りないくらいだ。それだけに、

「粗悪なメイド・イン・ジャパンをつかまされていなければいいが」

と私は、むしろ日本のメーカーのために祈りたい思いがした。

やがて沖縄を過ぎ、機内はいよいよ賑やかになる。まさに「空飛ぶパーティ」の様を呈してきた。乗客では女は私だけだったから、いかにお転婆の私でも騒ぎに加わるわけにも

いくまいと、書き物をしながらチラチラとまわりの様子を眺めるだけにしていると、気の毒に思ったのかキャプテンがやってきて、

「コックピット（操縦室）にいらっしゃいますか」

といってくれた。

さっきから動作を変えたくて、むずむずしていた矢先である。「お願いします」、すぐ立ち上がってついて行った。

夜、コックピットに入ったのははじめてだ。私はうきうきしながら、パイロット達の間に座って前を見てハッとした。

星だ。

星、星、星。星があたり一面に散らばっているのだ。まるでガラスの紛末を撒いたように。地上で見るよりはるかに多いように感じられ、一つひとつがより以上の美しさだ。

「綺麗ですね」

私が感嘆の声をもらすと、パイロットは無愛想に、

"Isn't it."

といった。パイロット生活何十年では、星の美しさにも慣れきって、ことさらの感激はないのが当り前だろう。でも、これが好きでパイロットが止められないといった人を私は

知っていた。

　しばらくは操縦法などを習ったりして悦にいっていると、彼はもうすぐ着陸だから席に戻ったほうがよいという。私はちっとも戻りたくない。そこで、思いきってさっきからいおうかいうまいかと逡巡《しゅんじゅん》していたことを口に出してみた。

「あのお、着陸する時にここにいてはいけませんか？」

「法に反しますのでね」

　とニべもない返事だ。

「でも、私はまだ一回も着陸間際の空港を、この部屋で見たことはないんですの」

　持ち前の勝手な理屈を私はこね出した。しかし、努めてニコヤカにである。しばらく双方の沈黙が続いた。と、「いいでしょう」と彼がとうとう口を切った。私はパッと目を輝かした……といっても、暗くて彼には見えなかっただろうが……。

「でも、席に戻って、降りる仕度だけはしておいてください。後で呼びに行きますから」

「本当ですね」

　ここでまかれては一大事だから、私がきつく念を押すと、パイロットは笑った。

「好きですね、あなたも」

　彼にしてみれば、ほかにいいようがなかったに違いない。

――仕度といっても何もない。書きかけのものをバッグに詰めていると、使いの人が迎えにきてくれた。機内は、間もなく着陸なので別れの乾杯で賑やかである。その中を　私は内心の得意を押し隠すのに苦労しながら、そそくさとコックピットに入った。

「ここに座って、ベルトを締めてください」

命令的な口調だ。

「ハイ」

私もはっきり返事をして、さっきの場所に座る。後は二人のパイロットの忙しい言葉のやりとり。復唱。室内は赤ランプだけになる。私は興奮で胸をドキドキさせながら、機が多少降下状態になっていくのを全身で感じていた。高度計を見ていると、あっという間に（といっても正確なところ二分であったが）千フィート（注：約三〇〇メートル）ぐらい降下して行く。

室内の様子にすっかり気をとられ外に気を配らなかったが、ふと見ると、さっきあれほど美しかった星の輝きは、どこにも見られない。そうだ、さっきは雲の上を飛んでいたのである。

高度計の針はだんだん下がって、七千フィートに達した。すぐ目の前に、いや、それよりやや下のほうに、さっき見えていた星空のような輝きが見えてきた。

台北市だ。

私の胸は躍った。飛行機はいつ地上に車輪をつけたかわからないほど静かに着陸した。私は興奮さめやらぬ気持ちで、慌てて客席に戻った。

するといつの間にか私の隣に座りこんでいた少佐が、面白かったですかと話しかけてきた。

「今のパイロットは、このCAT航空会社（注：民航空運公司。一九七五年まであった台湾の航空会社）の副社長ですよ。"He is a very nice man."」

その通りである。パイロットのみでなく、この機内の全部がナイスマンであった。私は、さいさきよしと、まだ見ぬ台湾に心がはずんだのである。

# 台湾雑感

台北に到着したのは夜の一〇時。ＣＡＴのマネージャーに迎えられ、アメリカの車でアメリカ式に右側交通で、私は中国ふうのホテルに着いた。飛行場からホテルに来るまでの短い時間に、ああやはり台北も相当にアメリカナイズされているなという感想をもったが、ホテルのボーイは流暢な日本語を喋った。

私はすぐ日本からもらってきた紹介状の宛先に電話してみたが、お正月のせいか皆留守である。仕方がない、いつもの調子で街をぶらぶらしてこようと思ったが、雨は降ってくるし、ホテルから街までは遠いとかで、私はありあまるスピリットとエネルギーをもてあましてしまった。

「飛行機の中では、あんなにトントン拍子にいったのに――」

私は少し不機嫌になって、ホテルの中を歩いてみた。ロビーに出かけるとジンタ（注：

通俗的な曲を演奏する少人数の楽隊。その音楽）が聞こえてきた。見るとフィリピン人のバンドで、一組の若い男女がジルバを踊っている。

「面白そうだな」

私も踊りは大好きだ。しかし、ホールに入り、踊っている男女の顔を見て、私はふとそぐわないものを感じた。外面は西欧一辺倒でも、血の中にまでは浸透しきっていないためか、彼等の表情は、つまらなそうな、およそジルバとは縁遠い真面目くさった顔つきで踊っているのであった。

わが国にしたってそうである。英国仕立てのスーツを身につけ、キャデラックにふんぞり返る紳士だって、「本当に落ち着いて楽しめるのは小唄を聞いている時だ」なんて述懐するし、西欧に多年ご留学あそばされた方にしても、家に帰れば畳の上にあぐらをかいてようやく人心地つくのである。モダンガールもふと気を許すと、いつかマンファーストになっているのだ。やはり長い歴史の時間のうちに培われたものは、私達の血の中に溶けこんでしまっているものなのか……。

そんなことを考えている時、ふと張さんがたしかに台北にいるのを思い出した。ルームボーイに苗字を伝え、電話番号を探させると、しばらくして電話帳を抱えてやってきた。探したけれどなかったから、念のため私にも見てくれという。ところが私はそこで予期しなかった発見をしたのだ。なんと電話帳の引き方が、アイウエオでもなければ、ABCでもない。字画なのである。私はすっかり嬉しくなった。得意になって指先で張という字を書いてみると一一画、サッと電話帳を開くと、ドンピシャリなのである。見るとボーイも盛んに、字画を指先で書いたり、やり直したりしている。私は二人がはからずも忙しくやり始めた東洋的しぐさにひどく親しいものを感じてしまった。

しかし、私はその時、張さんが日本で私にいったことを思い出してドキンとした。

「台湾は変わりました。おそらく、あなたが幼い頃、学校で習ったり人に聞いたりしたものとはまるで違ったものを受け取るかもしれない」。その時、張さんが自国の発展を誇ってそういったのか、台湾独自の情趣が失われていくことを歎いていったのか、私は判断に苦しんだものであった。

古い情趣への感傷にひたっているところには発展はない、私がドキンとしたのはそう思いあたったからであったのだ。

台湾——今さらあらたまって台湾を説明する必要はないかもしれない。しかし、羽田からわずか五時間半で台北に着き、来年にはそのまた半分に短縮するジェットの離陸も可能にしようとしているこの国を、新しい目で見直す必要はないだろうかとも私は考えるのだ。

何といっても日本の隣にあるのだから。

台湾は、北海道の半分よりやや小さい面積を有し、人口は約一千万、おおよそ、東京都の人口に匹敵する。総人口の大部分は本省人で、大陸から移住してきた、いわゆる外省人は約二〇〇万、先住民が約二〇万といわれている。

言語は目下中国語（北京官語）が標準語として指定されているが、これは国民政府の統治下になってからであるから、まだ一五年、それまでは、この北京語に代わるものは日本語であった。しかし、一般大衆間には福建語（注：ここでは台湾語の意味）が広く用いられ、年齢によっては、第二外国語（?・）が違うという妙な現象が起きている。

たとえば、二〇歳以下の人達は福建語と北京語、三〇歳以上の人達は福建語と日本語、ぐんと歳をとっている人達は福建語だけという具合である。現在、官庁に書類提出の場合は北京語で北京式にやらねばならず、自分で仕事をもっている本島の中年の人達は、大陸から移住した人達を書類係として雇っていることが多いという。

通貨レートは米ドル一ドルに対し、一〇元、または一〇NT（New Taiwan Dollar）、そしてまた一〇円とも本省人はいうが、この一〇円は日本の一〇〇円にあたる。今日本でデノミネーションと騒いでいるが、台湾に行くとデノミ決行後のようなものを感じることができる。一流ホテルの宿泊料がだいたい二八〇円、綺麗な刺繍の中国服がサテンの裏つきストールと一緒で七〇〇円、台北から台南までの飛行機の運賃が三〇〇円といった具合である。お札は日本のように横長でなく縦長で、一〇円札が一番高価な札であるから、私の会った人達は一センチも二センチもする厚さで札束をもっていた。

台北の町は人口七五万。一八八〇年代に首都として台南にとって代わった。市街は整然として、石造りの家々が多く、しかし住宅街に行くとその昔の日本家屋がそのまま残され、昭和初期の情趣がしのばれる。

実は私は、台湾にやってくる前に、沈駐日大使から仕事面の紹介状をいただいたり、大使館員のヤン氏やトウ氏からいろいろと話を伺い、本を山ほどいただいて、台湾に関する知識を詰めこんだのであるが、やはり昔の台湾の印象が頭にあって、実際に台湾に来て急速な変化をまのあたりにして、はじめて一驚する始末であった。東京がこの一五年にどれだけ急激に変わっていったかを知っているくせに、他国にそのケースを当てはめて考える融通性が全然働かないのである。

日に日に地球が狭くなり、私達が往来するチャンスが多くなる現在、近代性に欠けたもの、古い特徴のあるよきものも、どんどん均一化されていることに早く気がつき、納得しなければならないのだ。

それが便利であれば残り広まるが、情趣はあっても不便なものはどんどん変えられてゆく。影響やその普及力は、今や船とジェットの差以上にスピード化されている時代なのだ。もっとも、後進国では、そういうものを完全に消化しきれずにいる状態を見ることも少なくないが、やがては混乱もおさまるに違いない。

しかし、と私は考えるのだ。地球の狭くなった今日では、地球儀では私達の裏側にあった国が、すでに隣国なのである。やがて私達はどこの国に行っても同じようなビルが建ち、同じような車が走り、同じような服を着た人々が行き交うのを見ることになるかもしれない。そうなった時、私はそういう状態をつまらないなどというつもりはないが、それが必ずしも進化発展したことだとは言い切れないようにも思えるのだ。

私は台北の街を縦横に走る輪タクを見る。そしておよそ前時代的なこの乗り物に乗って、自転車のペダルを汗流して踏む運転手と話をしながら、のんびり街を見て歩くのを無上の楽しみとする私の感懐《かんかい》は、無責任な旅人の感傷だろうか。私はふと考えこむのであった。

台湾にはタクシーが少なく、あってもすこぶる高価で、それに引きかえ安価で便利な輪タクは市民の足になっている。ちょっとそこらへ行くのに、おかみさんふうの人がデンと足を広げて乗っているのをよく見かけるが、思わずハッとするほど露出しているのも平気の平左、ここらでは当り前のことらしい。

「おかしなものですね。西洋人はあんなのを見るとドキドキするらしいのですが、私達にはなんともない。むしろ、西洋の婦人方が胸元を大きく開けているのにはハッとさせられるのです」

私を案内してくれたリョウさんがそんなことをいったことがあった。

見物に来ている私には、自動車よりはるかにゆっくり走り、キョロキョロ見まわすのには絶対に便利である上、止まれというとその場でピタリと止まる輪タクは、最高の乗り物であった。その上、一時間いくらで契約すれば、双方ともに気も楽で、どんな悪条件の道でも自転車から降りてゆっくりと引っ張ってくれる。私は外国人だから多少高くつき一時間一〇円だったが、ここの人達だと六円ぐらいであるという。

面白いことには、運転手にも外省人と本省人の性格がはっきり出るそうで、たとえば悪い道にかかると、ここは通れないとか、値を上げろとか、一応ブーブーいうのは外省人で、黙って素直にやってくれるのは本省人なのだそうだ。

輪タクの数は、人口二〇〇万の台北だけで、二万五千台もあるという。だから繁華街あたりの輪タクの雑踏はものすごい。ちょうど馬や羊の群が押し合いへし合いして、同方向に進むのと同じで、ガチャンガチャンと容赦なしにぶつかってきて、うっかり手を縁にかけていて潰されてもこちらのせいになる。

私がある橋の上の歩道で写真を撮っていたら、横から来た輪タクの運転手にすごい目で睨みつけられた。オレ様のお通りを邪魔する不埒なヤツというところなのだろう。しかし、私はれっきとした歩道の上にいたので、輪タクこそ歩道に乗り上げるのはおかしいじゃないかとばかりにキッと見返すと、さればとばかり、彼は私スレスレに通り過ぎて行った。ひと頃の神風タクシーそのままなのである。

こんなふうだから輪タクの見場は悪いし、暑い時、雨の時などには天井になる覆いもボロボロになっている。ボロボロなのは何も輪タクの天蓋にかぎらず、これを引く人達の着ているものだって、こんなに裂け果てたものは最近の日本の田舎でも見かけないほどのものなのである。もともとは白だったらしいのだが、すっかり茶に変色している。

そんなことから台湾の人達の衣服などに気をつけているうち、ここにはナイロン製品が少ないことに気がついた。あるにはあるのだがそれも靴下ぐらいで、おまけに輸入品なので非常に高い。私は台南で日本製ナイロン靴下を三倍ぐらいの値で買い求めた。馬鹿な話である。

当初、台北に着いた時にはあちこちでアメリカ的なものを見かけたが、よくよく見てみると、一般にはゆきわたっていないようである。「口紅から、機関車まで」というデュポン・ナイロンもここではあまりふるっていない。それに当節、ミスばやりなのに、この国では美人コンテストなものも存在しないのだという。外来文化も華美なところは素通りしてしまうのであろうか。

しかし、軍事上、外国人は多く、横文字のバー、キャバレーも時たま見られ、バーメキシコもあれば、バー東京もあった。かつてのわが国の最高峰、新高山《にいたかやま》は、今は玉山そして外国人はモリソン山と呼んでいるそうである。

「台湾の歴史は、外国人のつくった歴史です」

友人張さんがそういったのを、私はかつての新高山を見ている時、思い出した。山の呼び名一つとってもそういう台湾の運命が刻まれているとはいえないだろうか。

台湾に関係した外国は実に多い。一説には最初にこの島に現われた東洋人は日本の海賊団で、この台湾を大陸への足場にしたのだといわれる。その後、一五世紀の終わり頃、大陸から中国人が移動し始めたとする説と、中国人がここに住みついたのは七世紀らしいという説とがある。

台湾がフォルモサと呼ばれるようになったのは、一七世紀頃この島にたどり着いたポルトガル人が、イラー・フォルモサ（美しい島）と呼んだ時からである。次にやってきたヨーロッパ人はオランダ人で、一六二〇年代にゼーランジャ城とプロヴィンシャ城を建設したと記録に残っている。一六二六年にはスペイン人が基隆《キールン》と淡水にやってきている。当時、それらの国々では植民地政策隆盛の時だったのである。

その間、同じ東洋人内では先住民と中国人と日本人がチャンバラの最中であったのである。しかし、鎖国のせいもあってか、日本人は一六二八年には台湾を去って行った。すると今度は、オランダ人がスペイン人を追っぱらい、そのオランダ人を日中混血の国姓爺《こくせんや》が追い出したのだ。時は一六六一年、オランダ人が台湾に住みついてから三八年目であった。

台南は国姓爺（鄭成功《ていせいこう》）の町である。不幸三七歳で大陸（清）征伐の準備も半ばに病死した彼は、彼を慕って自害した四人の妃と、日本から来て死んだ母とともに開元寺というお寺に祀《まつ》られており、そこには母が日本からもってきた竹も大きく成長して柵の中に植わっている。台南にはまた、かつては鄭成功の城で、今は歴史館として残っている赤崁楼《せきかんろう》があり、鄭成功の遺物と、オランダを放逐した時の模様を画いた絵画があり、また当時の小さな大砲も置いてある。そして海岸べりには、清を攻めるためにつくった砦も対岸を睨んで建っている。

その後三〇〇年たった今日、私が訪れた時は、若い人達がそこで海を眺めながら平和そうに話しをしていた。かつての歴史、そして第二次大戦の戦前、戦後、そして今もなおさまざまに変転する台湾をめぐる情勢を、若々しい彼等はどう受けとっているのであろうか。

私はそんなことを考えたのであった。

# 台湾食べあるき

台湾人は、日本人が統治中ずいぶんあざといことをしたから、反日感情で凝りかたまっている――そんなことを出発前に聞かされていた私は、はじめは生来のお転婆ぶりを務めてセーブしていたのだけど、みんなが親切にしてくれるので、だんだん地金を出すようになった。

それにしても、古い言葉でいう「生き馬の目を抜く」東京からやってきた私には、ここの人達のおおらかですれていない、親身で情のある雰囲気やもてなしに、かえってドキマギしてしまうこともあるのだった。こちらでは先にもいったように自動車が少ない。東京で見る巨大な新型車など一台もなく、相当の地位の人でなければ自家用をもっていない。ところが、知り合った人達は私のために、今日はこっちの人、明日はあっちの人のをという具合に、車を探してくれるのだ。

そして、まったく都合がつかない時は、政府のお偉方のユー・ウェイ氏が自分で運転してやってきてくれるのだ。ユー氏は東洋人らしくないがっしりとした体格で、笑うとものすごくあどけない。大陸から移ってきた人なので日本語はできないが、私が車に乗せてもらったお礼に、

「サンキュー・サー」

というと、にっこり笑って可愛い発音で、

「アリガト」

その言葉だけは知っているのであった。

そのユー氏が私のガイド役にと紹介してくれた管さんは一人暮らしの気やすさから、台湾のお正月を見せようと、あちこちの友人宅に連れて行ってくれたが、どこも留守なので(正月には一族の長たる人のところに皆で集まる習慣なのだ)、結局、コックにもメイドにも帰られてオタオタしている外国人のクラブで、「支那の夜」の伴奏を聞きながら、酢豚とおそばを奢ってくれた。「アリガト」である。

ユー氏はまた、自分の部下で元少年航空兵だったという、レウさんを紹介してくれた。レウさんの日本語は私達並みであり、終戦後から勉強したという英語も鮮やかであった。彼は私に関する手紙上の一切を引き受けてやってくれたほか、飲食店街見学中、「どんな味か

しら」と呟いた私に、すぐおそばを奢ってくれ、その店に一つしかないメニューを珍しがると、それを写し替えてくれた。

〃小春〃という、大陸育ちの勇ましい日本婦人の経営している日本料理屋を教えてくれたのもレウさんだった。

女将は、本籍だけは石川県にあり、まだ石川県には行ったことはないが、日本にはゴルフの試合で行ったことがあるという太々《タイタイ》(注：中国語で夫人のこと)である。ここのお客さんは、やはり日本から来る代議士など、台北にやってきた日本人ならたいてい寄ることになっているそうだが、本省人ももちろん多い。

女中さんは若いのに皆日本語の達者な人達ばかりだし、日本からやってきた人もいた。女将は私のために得意の高砂族の歌を原語で唄いながら踊ってくれ、女中さん達もそれぞれ自分の土地の歌を唄ってくれた。

料理も人も部屋のつくりもなんら日本の料亭と変わるところがないが、たとえば毎日新聞台北特派員若采氏がとっておきの日本酒を一本持参してくれると、その瓶が空になっても床の間に飾っておくなど、その稀少価値ぶりは、かえって私達に淡い郷愁を思わせるのであった。

ところ変われば品変わるではないが、ここでは盃のやりとりをしないというい習慣がある。しかし、自分が飲む時は、誰かにささげて一緒に飲むもので、一人で勝手にチビチビはできない。したがって飲みっぷりも豪快な感じがするが、お酒の弱い人はいったいどうなるのか、私は聞きもらしてしまった。

料理といえば、世界一美味しい料理は私は中国料理だと思うが、その中でも、豚肉の美味しさは、どんな下手な料理人が手をつけても、世界第一の美味しさから第二と下ることはないであろう。

米国留学中のことであるが、クラスメイトの香港人留学生と料理について話したことがあった。

私は井の中の蛙式の日本一番主義で、中国料理でさえ、日本の中国料理が一番と思っていた。

「アメリカ人って、よくまああんなまずい料理ばかり毎日食べて平気でいられるわね」

私は話のいきがかり上、下宿で毎日まずい手料理ばかり食べていることを、一瞬忘れることにして大きな口を叩いたものだ。

「ほんと、だから私は絶対に外で食べないの。姉の家にいるから、毎日お国のものばかり食べているのよ」

とその香港の友達はいうのである。

「そう……」私はちょっと口惜しくなったのでいってやった。「でも私も、チャイナタウンで仕方なしに何日か食べたけれど、あれもまずかったわ」

「あんなの中国料理とは違うのよ。アメリカン何とかっていうべきね。私達、あんなものは絶対に食べないわ」

……てやんでぇ、私は奥の手を出した。

「日本の中国料理は……」

と私が得々と喋りかけると、彼女は、

「あれもまずいわねぇ」

と即座に同意(?)されてしまったのだ。事態は妙なことになった。日本のそれがいかに美味しいかといってやろうと思っていた私が、逆に彼女から香港の中国料理の美味しさを説明されることになったのである。なにせ、日本のそれと香港のそれを食べ比べてみるわけにはいかないから仕方がない。しかも彼女の家では専任のコックがいてつくっているというので、私は気おくれがしたのである。が、私はそれでも日本の中国料理が世界一であると信じていた。事実、この旅行に来るまでは、誰にもそれを自慢していたくらいであったのだが……。

もっとも中国らしいところへ連れて行ってくれといって、台北の人リューさんに連れられて行ったところは、料理の粋の集まる円《まる》公園であった（注：現在は「台北円環」という名称の緑地広場である）。

ここは台北に来たら絶対に見逃せないところとして私は特に強調したい。円《まる》というだけあって、すべて円型に各小料理店が集まっていて、それぞれの店が約一坪ぐらいずつで百店ぐらい、前後左右に密集している。むしろ小料理店というより、屋台の寄り集まりといったほうがピッタリする感じである。ここにはそれこそ、ありとあらゆる料理があって、たとえば、ある一軒で鱶《ふか》の鰭《ひれ》を直径一メートルぐらいの大鍋でグツグツ煮ているかと思えば、目の前の店では、まさかりのような大包丁を二丁使いながら、木の株をぶつぎりにしたような丸い俎の上でチョンチョンチョンと鶏のみじん切りをやっている。と、左隣では、豚のおよそこれまで見たこともないような内臓をずらりと並べているのだ。食べられないものはない、と豪語するだけあって、これらの内臓は、まず豚の脳、心臓、胃、腸、蹄《ひづめ》、果ては生殖器、子を生んだことのある子宮と、ない子宮、ラッパ管（注：卵管）までが並んでいる。後方はと見ると、片や卵をお茶でゆでているところあり、片や五〇種類ぐらいの野菜、肉、魚のおかずを、ところ狭しと並べて売っている店もある。

「すごいわね」

私はさすがに感嘆の声をもらした。

「ここは労働階級の人なんかが、家で食べずにここでサッとすませるのです」

リューさんが説明してくれた。

「日本でいう一膳めし屋ってところかしら」

すると、ちょうど、そこの店のベンチに座って御飯を食べていたお客さんが、抗議を申し込んできた。日本語がわかったのである。

「私は労働者じゃありませんよ。家には女房もいますけどね、私が帰ってから仕度をさせるのは可哀相だし、第一ここが美味しいから来るのですよ。局長だってわざわざ食べに来ますよ。たらふく食べて、だいたい一〇銭だし、誰にだって適当なところなんですよ」

リューさんは「悪い意味でいったのではありません」と謝っていたが、お客さんもこの説明が私の録音のためとわかると、今度は自分のほうから失礼を詫びる紳士的な人であった。

とにかく、百店近くあるという店が、それぞれ特有の味を出して競っているのだから、料理人も必死である。私はここであひるを食べたが、とろけるような肉であった。それでいてお醤油も辛子も何もつけなくてもよい。その肉だけで極上に美味しいように料理されているのだ。リューさんは、「この店はあひるの名家です」といったから、同じあひるでも蒸し方が違うのだろう。

私達は、この円公園を出てから、蔣介石《しょうかいせき》並びにお歴々をお得意にもつという蛇屋に行き、三センチぐらいの厚さに切った蛇の輪切りが三切れ入っているスープを飲んでみた。化学調味料のよくきいた味で蛇と思わなければなんともない。美味しいスープであった。でも、蛇の小骨が口の中で刺さってしまった。

とにかく私は中国人の料理法にはカブトを脱いでしまったのである。

他の都市にも必ず、こういう屋台の寄り集まり街があって、南の高雄では海産物を山と積んで、生《なま》のまま食べさせる店がある。貝、蝦《えび》、さしみ、何でもござれである。

「食い溜めができるものなら——」

私はつくづく人間の胃袋の単純さをうらみたくなった。

東京の小綺麗な料理屋で、一枚何千円もするお皿に盛られた刺身を食べるより、皆と一緒に野天のベンチに座ったり、しゃがみこんだりして、イキのいい蝦をパクつくほうが断然こたえられないうまさである。

私は香港に行ったら、クラスメイトに正直にカブトをぬいで、もっといいところを案内してもらおうと思った。

# 台湾縦走記

台北から台南への行程は、偶然、同様に南下するニューヨーク・タイムズ記者の車に同乗させてもらうことになり、たっぷりドライブを楽しんだ。

出発は朝の八時半。連れはほかに日月潭《にちげったん》に行くスイスの記者が一人加わった。

はじめ私は飛行機で一気に台南に飛ぶつもりであった。CATのマネージャー氏が切符の手配までしてくれることになっていたのだ。それに、ドライブといっても相当な悪路に悩まされるに違いない。そう思っていた私はドライブの成果を期待しつつも、内心では辟易する気持ちもないではなかったのだ。

ところが、車が走り出し、しばらくして驚いた。道路がすばらしくいいのである。

「日本のおかげですよ」

私が驚嘆してみせると、タイムズの記者が皮肉にいった。むろん私は信じなかった。今や世界有数の大都会といわれる東京ですら、他の都市へ行く道でこんなにいい道は一本も、いや、この一〇分の一の距離のものでもあるだろうか。そう思われるほど、私達の車が走っている道は立派だったのである。

「日本の軍隊がつくったのですよ。統治下中に。現地人の労力でこの道の基礎はあらかたできあがったのだと聞いていています」

舗装《ペーヴ》されたのは、やはりアメリカのドルの大活躍によるものだそうだが、さて、この道を日本のおかげだといわれて、私はどんな顔をし、どんな受け答えをすればよかったのか――。

車はフルスピードで走り、両側の並木が後方に異常な吸引力で引っ張られた。やがて、私達は車の入りそうな道を選んでメインロードを右にそれ、一軒の百姓家を訪れたのである。

煉瓦造りでL型の、典型的な台湾家屋の前に私達は車を停めた。入口の前は収穫物を干すために一面にセメントが塗られてあり、その上に、〝大根の切り干し〟みたいなものが散らばっていた。鶏が自動車に驚いてクウックウッと跳ねまわると、その家の主人らしき男がうさんくさそうな顔をして出てきたが、私達が貴家を拝見したいと通訳を通して鄭重に申し入れると、すぐニコニコして、どうぞというふうに誘い入れてくれる。

入口の正面は、客間と玄関と神（仏）室と食堂をすべて兼ねているらしい。その左右の室は寝室で、左奥に炊事場があり、その向かいに一畳ぐらいの風呂場がある。

各室には床もなければセメントも敷いていない。不思議なことに、セメントの敷いてあったのは玄関前と豚小屋だけ、寝室もやはり土間で、そのかわり小さな一部屋とでもいいたいような大きな四角のベッドがあって、その中には茶箪笥らしきものもあるのだ。小さな子供には絶好の遊び場である。室の隅には飼馬桶のようなものがあったので、何だろうと思って近寄りかけたら大変な臭気、ハッとして退いた途端、連想作用を起こしてか私はあるエピソードを思い出した。

――それは日中戦争の頃、日本兵が中国人の家で綺麗な器を見つけ、それを自分の洗顔用にと愛翫《あいがん》したというお話である。

ある日、召使いの中国人が大変いいにくそうにいうには、

「大人《ダーレン》（注：中国語の目上の人への敬称）、実はそれ……お金持ちの便器でございます」――。

炊事場は広々としていて、思わず何人家族かと聞いてしまったほどである。昼食の仕度に忙しい主婦は、背に赤ん坊をくくりつけ、片手で手押しのポンプで水を溜めていた。大きな竈《かまど》の後ろには藁が積んであり、その中に埋まるようにすっぽりと三、四歳の子が入っていて、おどおどした目で私達を見つめていた。それがふと私に、パール・バックの『大地』

の一節に描写されていた、娘がいつも母親の側にいて、竈の煙でついに盲目になるという場面を思い起こさせた。この子達も母親の側でこの暖かい竈のぬくもりを感じている今が、一番天国なのだろう。

私が玄関に戻ってくると、タイムズの記者が質問中であった。見ると、この家の主人は南国とは思えない寒い日だったのに、ズボンを膝の上までまくりあげ、裸足である。

「私は今猛烈に働く意欲に燃えているのだ」

主人は記者に上手に誘導されて、トツトツとしかし昂然と喋っていた。

「七年前、私は畑どころか、住む家さえも竹木に土塊を積むような貧しさだったのだ。それが土地改革で多少の畑を得、今では広い畑を耕す水牛をもち、数匹の豚さえもっている。つい最近もお乳の数が足りないほどたくさん仔豚が生まれたので、一匹三〇〇元ずつで売ったのだ」

あれやこれやで年収約三千元になるという。収入は全部、家蓄とか物品にしておく。

「銀行は絶対にダメ」

彼は断言した。そこで記者はこう聞いた。何か娯楽にお金を使うことはないのですか。すると彼はしばらく考えて、たまには町まで映画を観に行くといって、それまで東洋人独特の無表情な顔つきで喋っていた彼が、私を振り返るやはじめてニコニコッと笑い、なんと日本語でこういったのだ。

「チャンバラ映画大好き」

私達は途中、建設中のダムを見ることになった。しかし、冷凍人間ができそうな寒さなので、ダムの見学もそこそこに、高台にあるダムで働く人達の集団家屋村に行ってみた。内部にこそ入らなかったが、ちょうど、代々木のワシントンハイツ（注：東京・代々木にあった米軍の家族用宿舎・兵舎などの施設）を小規模にしたような、小綺麗な文化住宅がずらりと並び、テニスコートあり、競技場ありで、私の古い中国観をみじんに打ち破るほど見事なものだった。

そこのクラブみたいなところで昼食をすませると、私達は再び車に乗りこんだ。そして、いつの間にか私はぐっすりと寝こんでしまっていた。

私が起こされたところは、台中の駅の前であった。ここでスイスの記者は車で日月潭に登り、残る二人は汽車で高雄に行くことになっていたのだ。

汽車は正月でもあり、だいぶ混んでいたが、席はとれた。

発車すると、食堂のボーイのような少年が忙しげにやってきたので、何事かと思うと、なんとお茶のサービスなのである。窓際にはコップ受けが備えつけられ、そこへ洗いたててのコップをボーイがガチャガチャと差しこんでいく。とまた忙しげに戻ってきて、今度はお茶の葉を手際よく各コップに入れていく。そして最後に直径五〇センチぐらいの大きなやかんをぶらさげてきて、お湯を注ぎこんで蓋をしていくのである。これが中国式のお茶のいれ方で、わが国のように、急須に、陶器の茶碗に、小量のお茶ではないのである。

ガラスのコップにまず葉を入れ、やかんからじかにお湯を九分ほど入れる。私などは飲む時には一苦労、お茶葉が口に入らないように、またそれを人に見られないように、上唇で素早くやってのけるに至っては、まさに人間アリクイそのままである。

お茶のサービスは、お茶好きの中国人の汽車らしく、道中三時間のうちに三回もあったし、台南近くに来ると飛行機のスチュワーデスのような制服の子がおしぼりを配ってきたので、そのサービスぶりに感心し、ついに私は「これは私鉄ですか」と尋ねるに至った。しかし、私が台南までの切符しかないのに、実は高雄に行くのだということを知ると、にわかに口調まで官僚的になってしまった。やはり「国鉄」だったのだ。

「九仭《きゅうじん》の功を一簣《いっき》に虧《か》く——という諺《ことわざ》がありますね」

タイムズの記者が、東洋通ぶりを見せてこんなことをいった。たしかに、この言葉は中国からきたものであったのである。

戒厳令下の台湾では、どこに行っても軍服だらけだったが、エアーベース（注：空軍基地）

のある台南に向かっているだけに車中でも航空隊員の姿が多い。私の前にも、でっぷり肥った大佐が座っていた。制服は日本でもよく見かけるあの空色の、米軍のと同じものだ。車中に部下が乗ってでもいるのだろう、大佐は終始謹厳な顔つきのまま目を閉じている。私がお茶をとろうと手を伸ばし、彼の手にぶつかったので、思わず「エクスキューズ・ミー」というと、彼はすまして“That's all right.”と肉食人種的なしぶい声で鷹揚にいってのけた。中身はれっきとした中国人なのである。

およそ外国人らしきものは、タイムズの記者と私ぐらいらしいこの車中である。私はキョロキョロと中国人の習癖などを観察しようとしたが、やがて私は落ち着いた観察を諦めなければならなかった。それよりも、まず私は逃げなければならなかったのである。痰の攻撃から。

よくもまあ、これほど痰が出るものだと思うほど、のべつまくなしにはき出す人が、不運にも私のすじ向かいに座っているのだった。眠っているくせに、ガーッと体中の痰を集めるような大音を発してパッとやるのである。そのたびに私の左足はゾッとすくんでしまうのだ。間違えて私の足にかかったらどうしようと思うと、今度はこっちの喉がグッとくるような気がする。前の大佐は相変わらず泰然自若としており、台南で降りるまで、痰の攻撃にはビクともしなかった。

大佐の席が空くと、自分の半身ほどもある荷を抱えた中年の女が慌てて席をとり、大声で誰かを呼んだ。子供か老人かと思いきや、呼ばれたのは立派な男で、どうも夫らしい。男は当り前のような顔をして席に座る。見ればカバン一つもっていない。女はと見るとその傍らに立ち、半身ほどもある荷物をおもむろに痰だらけの床に置き、立ったまま眠りはじめたのだ。

東洋的なといおうか、いかにも中国的な車中の風景であった。

私は、いつもつい「タカオ」と呼んで、いつも聞き返されてしまう。「カオシュン」がこの地の本当の呼び名なのである。

高雄はさすがに南国らしく、前日の台南、台中とは打って変わったように暑く、亜熱帯地区らしい植物の並木が、情趣を添えていた。

カオシュンの街は碁盤の目の街である。一ブロックごとに、一丁目、二丁目、と区切られていて簡単にわかる仕組みになっており、駅前からのメインストリートも広くて堂々としたものである。

聞けばこの見事な都市計画もまた、日本統治下になされた業績だというのである。

「東京に行くと人の家を探すのに苦労するけど、札幌はその点、高雄のようですってね」

そういわれ私は慨嘆した。何をかいわんやである。日本の札幌は米人の設計で、今は外国になっている高雄は、三〇年も前に日本人の手で建設したのだとは。

完璧な都市計画のもとに建設された街はさすがにスカッとしていて、歩いても気持ちのいいものである。私は高雄を東京に比べてみてこんなことを考えた。

「高雄が見識ある母親に育てられた子にたとえられるならば、東京は盲愛に溺れた母親にしまりなく育てられ大きくなってしまった子だといえるのではなかろうか」

まったく東京はどうにかなされるべきであろう。しかし今さら壊すのは大変だ——と思うのは俗人の考えで、先日トルコの首相が日本に来た時いった言葉を肝に銘ずるべきなのである。トルコの首相は羽田から宿舎に着くまでの東京の街を見てこういったのだ。

「あなたの国の都市計画は簡単にできるので羨ましい。木造はすぐ潰れますからね」

彼は目下二〇世紀にふさわしい道路をもつ都市を建設中で、コンクリート造りのビルのぶち壊しに大わらわなのだという。国土の広いブラジルなんかは、壊すより、土台からきちんと計画された首都をつくるべく、目下新しい場所に建築中だということだ。いろいろと国情の相違もあるだろうが、他山の石として、聞き流してしまいたくない話ではあるまいか。

高雄の街もほとんどが木造である。そして、どういうわけか、二階以上の家は滅多に見当たらない。道の両脇が低い建物なので、そうでなくてもたっぷり広い道路を余計だだっ広く見せている。人の動きもまばらで、忙しく走りまわる自動車もあまり見当たらない。ビジネスセンターとか、軍港とかいう言葉にはほど遠く、台湾第二の都市だとは思えないくらいの静けさだ。

しかし、何も騒々しいのが大都市の値打ちではない。セメント工場、石油工場、港湾拡張現場に訪れた時には、さすがに活気ある雰囲気が感じられた。

米人記者は早速、実業家にインタビューするため連絡し始めた。

「この土地の実業家は実に勤勉なんです。戦後、齢《よわい》四〇にして英語を習い始め、今はすっかりマスターして、通訳なしに喋れるようになったのなんかいい例でしょう。ゴルフと小唄の日本の重役とはいい対照です」

彼はそういって、ぜひ一緒に会ってみようといってくれたが、私は一人で別行動をとることにした。いつも彼にくっついているのは、いろいろと予想外のことが見聞できたりして便利がよかったが、たまには一人歩きがしてみたい。

言葉はだいたい二五、六歳以上の人をつかまえれば通じるし、いざとなれば得意の筆記問答だ。台南でも私は話が相手と通じなくなると、恥も外聞もなく大声を張り上げてあたりを見まわす。

「誰か日本語わかりませんかア」

よくしたもので、たいていそのあたりから誰か飛び出してくる。

「ほオい。何かね」

日本語なんか絶対に喋ってくれないよ、とか、日本人とわかると石を投げるってさ、とまことしやかに忠告してくれた人達に見せてやりたい図だ。人は懐に飛びこんできた窮鳥《きゅうちょう》は決していじめないものである。

「ねえさんは、東京からかね」

私がもっているラジオ東京の社名入りのテープレコーダーを見てそういう。

「こないだは、静岡から来たって人が、この町にも来たよ」

てな気やすい調子である。それも相手がステテコにアンダーシャツといった格好なのだから、私は外地にいるような気がしない。私はそういうわけで、一人歩きにはすっかり味をしめていたのだ。

私はだから、高雄でもテープレコーダーを抱え、ネタを探すべく河口へ一人で歩いていると、後ろからのどかな田園的な音が近づいてきた。みると田植笠をかぶった老人が首を振り振り歩く牛に、山ほどの荷を積んだ車を引かせてやってくる。日本でも田舎などでよく見られる風景だ。そう思いながら私は車をやりすごそうとしたが、ふと車の荷をみて驚いた。積荷は氷なのである。

「ああ」

私はふうっと吐息をつく思いがした。

私ならこの氷をできるだけ溶けないように、いかに早く目的地へ運ぶかにアクセクするだろう。それに比べて目前の風景のなんという悠長さ。その悠々としたゆとりこそ、東洋のエッセンスであり、東洋人が誇りとして失いたくない心である。

なのに、今の私は、あれを追い、これを追い、果てはすべてに追いかけられて、絶望したり、いらだったり……。目前の氷車はそういうせせこましい私を道化役にするに充分だった。

私はその場に腰を降ろして、通りかかる輪タクを待つことにした。悠然と流れる時の中でじたばたあせってもしょうがないではないか。私の心の中では居座るものがあったのである。と、突然、頭上をものすごい爆音を残してジェット機が通りすぎた。

私はゆっくりと空を見上げた。

# 高砂族

烏来《ウーライ》に着いたのは、もう四時頃で、山中では薄暗くなり始めていた。

私達は、山奥の谷間で生活を営んでいる高砂《たかさご》族を訪れるために、わざわざ山を越えてこの部落へやって来たのだが、まだ部落に入る前の山道を歩いている時、不意に目前に老婆が現われて、私達をギョッとさせた。顔中に入墨をしているのである。額には縦に、頬には髯のように四センチ幅の青い入墨が、もう皺くちゃになった色黒の顔に描かれ、見るからにものすごい。しかし老婆は私達の姿を見ると、こそこそと木陰に隠れてしまった。

部落に入ると同行してくれた周さんが、特に私達のために歌と踊りを今からやってもらおうと、部落の長に面会に行ってくれた。私はその間、あたりをぐるぐる歩きまわり、見たり聞いたりしてまわった。そして、すばらしい色とりどりの衣裳をつけた、一〇歳ぐらいの女の子に出会い、すっかり仲よくなってしまった。

「ねえさん、東京から来たのか」

まず、彼女のほうから日本語で話しかけてきたのである。びっくりしていると、その子は続けて「いつ来たのか」と尋ねる。私がラジオ東京の録音機をぶらさげていたので、社名を読んでそれと察したものらしい。私はすっかり嬉しくなった。彼女は、外来者の写真のモデルをやるのがその職業らしい。非常に可愛いらしく、アイヌを思わせるエキゾチックな姿態である。ところが、インタビューがうまくゆきかけた時、周さんが部落の責任者と交渉がすんだので呼びに来てしまった。残念だなと思ってその子を見ると「後で私もそっちに行くよ」という。どこまでも人なつっこい子であった。

部落の責任者はさぞ歳をとった髯だらけ、入墨だらけの男かと思ったら、まだ三〇代ぐらいで、半袖のオーバーシャツを着た柔和な顔つきの人であった。幸いなことに日本語がペラペラで、彼は早速に私の希望を聞き入れて、大変好意的にすべてを計らってくれた。

女の子達にあのケバケバしい衣裳をつけさせ、戦いに行く男子を送る歌と踊り、それから臼のまわりを皆で歌いながらゆっくりまわり、代わりばんこに杵を打つ踊り、その他数々の祖先から伝承されたという歌や踊りを披露して見せてくれた。ところが、喜び勇んで全部録音をすませた私に、彼が得意になって、あの歌の中のいくつかは僕が作曲しましたというのだ。ほう、すばらしい才能ですわ、といったものの、私は内心がっかりしてしまった。それらは古くからこの地で歌い継がれてきたと思うからこそ価値があるものなのに。踊りだけは本物だったが、あたりは相当に夕闇も深くなっていたので、ムービーはよく撮れたかどうかは甚《はなは》だ心もとなかった。せっかくこの山中までやってきて、結果としてはあまり期待できないと思うと、私は少なからず憂鬱であった。

が、ふと前のほうを見ると、今度は額だけに入墨をしている老婆がしゃがみこんだまま、私のほうをジッと見ている。そうだ、あの人と話をさせてもらおう、部落の長が日本語ができるのだから通訳をしてもらえばいいのだ。私は勝手にそう決めて、早速通訳を頼んでみた。いいでしょう、聞いてあげましょう。

おばあさんは、呼ばれると恥ずかしそうにやってきた。子供がはじめて誰かに引き合わされる時のようにモジモジしながら、私の前にしゃがみこむのだ。私は録音の用意をして、まず入墨の意味を聞いた。と、おばあさんは、にわかに潑剌《はつらつ》とした声で早口にまくしたてたが、それはこういうことである。

「昔は入墨をしていることが美人の条件だったのでございます。今の人が口紅をつけたりパーマをかけたりするのと同じですが、入墨は半ば規則であって、女は成人しかけると入墨を入れました。私は一三の時に額に入れ、あと一年たったら頰にも入れなければならなかった時に、日本政府から入墨禁止令が出たのです。それまでは、全部入墨が終わるとはじめて、自分は成人したのだからお嫁に行ってもよい、という意味になったのでございます。はい」

「額の中央に縦に、鼻にかけて一センチぐらいの幅ですね、痛かったでしょうね」

「ムハロレゴーナ・オッパラニャーモナ（それはそれは痛かった）、血がぼたぼたとたれ、二日ぐらいは御飯も食べられませんでした。口が腫れてしまい、御飯は一粒一粒やっとの思いで口に入れるというありさまです。そして、腫れが引くと、もう一度青を塗り直さねばなりません。そうしないと青が綺麗に出ず、見た目も美しくないのです。色の濃いほうが綺麗とされておりますので、二度塗るのが普通ですが、お洒落の人はなおその上に塗る人もございました。私は幸運だったのでございましょう。日本の禁令のおかげで、痛い目に遭うことも少なく、今でも額だけの入墨ですから、他の老人よりは目立ちません、でも昔でしたら、どんなに痛くとも、もう一度二度は辛い目に遭わなければならなかったのですから」

「いったい何で入墨をしますの？」

「木に針を打ちつけまして、今度はそれを額にポンと金槌で打ちつけます。私の時は針を五本ぐらい木に打ちつけましたが、針は額に打ちつけると骨までいくのです。墨はお鍋の底につく黒い墨（煤《すす》のこと）を使います」

「煤ですか？　あとで化膿いたしません？」

「煤は消毒剤でございます。傷をした時とか、豚のキン玉を切る時にも煤を使います。ですから針も別に消毒はしないのです」

「その入墨のおかげで、嫌な事とか、よい事が現在ございますか」

「人が指をさして、ジロジロもの珍しげに見るのが嫌で、私はなるべく山から出ないようにしております。本当に皆さん、変な目で見るので恥ずかしくて嫌な事ばかりでございます」

おばあさんは淋しそうにいった。私が、それじゃ前髪を下ろして入墨を隠したらどうかというと、おばあさんはなおも恥ずかしげにモジモジして笑うのだった。

「私はもうおばあさんでございますので」

いつも、控え目な慇懃《いんぎん》な人である。

聞けば、当地の男の入墨もやはり顔だけで、顎と額にする。それが男らしいとされていたのである。男の入墨は一七、八歳で行なわれ、日本でいえば元服になるのだろう、それでやっと一人前の男になったと周囲から認められるのだそうだ。また首狩りに行って功労のあったという意味もあるという。私は部落の長にそう聞いた時、ギョッとして思わず首をすくめたものだ。

「首狩りに行って功労があるって、どういう意味ですの」

「首を狩ってきた、ということです」

「——誰の？」

「異族のです。昔は漢民族、日本人も昔は相当に狩られたといわれます」

と部落の長は淡々としてひとごとのように語る。もっとも五〇年も昔のことだから、ひとごとみたいなのも無理はないが、そういえば、入墨をしている人も、五〇歳以上の人達だけのようであった。日本政府から今の政府にかけて、教育、生活、文化はすべて一般人に同化させるべく治められているので、今では台北の大学に行っているのも数多いし、普段の生活もほとんど変わったところはなくなってきたという。たまたま山中を駈けめぐるのが巧みなので、オリンピックのマラソン選手は高砂族出身であるとのことだが、しかし彼等は、それを別に得意そうにもしていなかった。

録音が終わると、村落の長は急に打ち解けて、「私は高雄の海軍にいた兵曹長で、日本名は山下澄安というのです。日本に帰ったら私の名を聞いてごらんなさい。きっと誰か知っている人がいますよ」と得々と打ち明けた。彼は日本名のほかに、中国名と、山地名、パットカウイルをもっているという。ややこしいことである。

ここの子供達は、ほかの子供達と違って日本語が上手だ。特に教えるわけではないが、山地人の間に非常に日本語がいきわたっているので、子供達も自然に覚えてしまうのだそうだ。ここの子供達も大変だ。学校では北京語、部落では山地語と日本語、一般人とは福建語を使わなければならない。しかし、私と話したおばあさんは、末っ子の九歳の坊やがもっぱら北京語ばかりなのが、親子間の会話もうまくゆかないといって、こぼしていた。

私達が帰る時、おばあさんを帰り道の途中にあるという次の山まで一緒の自動車に乗せて送っていった。いつもここまで歩くのだといっていたが、大変な距離である。その間に私はおばあさんと、およそトンチンカンな会話をしたが、彼女は自分も多少日本語を覚えているといって、彼女の日本名を教えてくれた。

誰がつけたか、秋野菊、というのである。なんと美しい名であることか。しかしおばあさんはその意味も知らないらしかった。

# 一級赤線街入船町

私はある時ふと思ったものである。歴史というものは、人間の悲しみの記録ではなかろうかと。かりにそこに一人の英雄の華やかな光栄が記述されているとしよう。しかし、その陰に、何万の人の涙が閑却《かんきゃく》されていることか。そして私はまた思うのである。「歴史の陰に女あり」と人は女を誹謗《ひぼう》するかのごとくいうが、むしろ、歴史の陰に女（の涙）ありというべきではなかろうかと。台湾の入船町は、私にそんなことを考えさせたのである。

その昔のそのまた昔、わが国にも人さらいというものがあったという。「安寿と厨子王《ずしおう》」の悲惨な物語を思い出す人もあろう。よく母親達は悪戯っ子に「そんなに悪いことばかりしていると人さらいに渡しちゃうよ」といったものだ。その「人さらい」よりも恐ろしいともいえるものが、この二〇世紀後半にも現存しているのである。

それが、いわゆる中国の〝養女〟問題なのだ。

ちょうど、私が台北のある新聞関係の事務所で「日本、売春廃止後、性病が三倍」という大きな見立しの新聞を読んでいる時であった。私は台北に街娼の全然見当たらないのにふと気づいて、傍らのR氏に尋ねると、

「ここは公娼制ですから、皆一所《ひとつところ》にいますよ、行ってみますか」

とニヤリとした。

とにかく私の仕事はルポすることだ。早速輪タクを連ねて行ったところは、花柳界の入船町、今はパゥトークと呼ばれる一級赤線街であった。淡水江あたりにあるいかにもそれらしい狭い横町をぶらぶら歩いていると、胸の隆起のものすごい女がジーンズをはいて颯爽と歩いてきた。なにせ訪れた時間が午前中でもあり、その女の子も口紅はあくどいが見たところわが国のロックンロール狂の中学生みたいな若さなので、このあたりの子供が環境のせいで、こんな格好をしているのかと思っていると、同行のW氏が、

「ありゃ洋パンだな」

とR氏に囁いた。

その中学生のようなハイティーンは、外人専門家から出て来たというのだ。

驚いてあたりを見まわすと、今度は六尺（注：約一八〇センチメートル）ぐらいの道を挟んで軒並にある家々の入口に、女の子がしゃがんでいたり、スカートをまくりあげたりして

立っている。

皆ポカーンとした幼女のような表情で私達を見ている。その目は他国の同業者のように獲物をねらう目つきではない。口紅はつけているが、まるで子供に化粧をしたようで板についていず、パーマネントはかけているものの整理つきかねるらしく、毛先のほうは突っ張ったままである。手足は細く、肌の輝きだけが若い者がもつことのできる生き生きとした張りのあるものであった。

「この人達は？」

やはり娼婦なのかと私は聞いてみた。それにしてはあまりにも痛々しい感じであったからだ。

「そうですよ、そのものズバリですよ、若いでしょう」

「だって、まさか、でも」

私の心の中に、ひどく狼狽するものがあった。

いったいこの子供達に何ができるというのか。もっとも女であればいいこの商売である。「こっちに来なさい」といわれると「ハイ」といってついて行けばいいのかもしれない。しかし、それにしても、お客は彼女達を前にすると、痛ましいという感じが先にきて、飴でも買ってあげて帰っちまうのではなかろうか。

「いや、それがね、なかなかどうして、お母さんから教わっていますからね」

「お母さん？」

「養母ですよ」

私はそこではじめて養女問題の実態を知らされたのであった。

ここにいる子供達は、一応一六歳以上のはずだという。彼女達は貧しい家に生れ、現在お母さんと呼ぶ人に買われて、この道に入らせられたのであって、彼女達のほとんどは何の教養もなく、名前を書ければよいほうだという。

「本当のお母さんが見たら、びっくりするでしょう」

「それが子を売る時は権利譲渡ということになり、その後は一切干渉しないし、第一この子達は遠い田舎から来ているから、もう親には会えないでしょう」

権利譲渡！　店の売買じゃあるまいし、人権蹂躙《じゅうりん》も甚だしい。しかも、こんな家に連れてこられるのは、買われてから間もなくだという。実母から養母に、養母から淫売屋の主人に――彼女らはまるで品物のように簡単にとりひきされてしまうのだ。

「それであの子達は嫌がらないのかしら」

「親の家ではロクな食事もできず、養家ではこき使われたり、いじめられたりするから、ここは彼女達には天国なんだな。綺麗な服を着て、ブラブラしていて大金が入る。もっともそのお金も主人が三〇パーセントぐらいとり、自分は約一〇パーセント、後は養母が毎日来てしぼりとっていってしまう。この先どうなるってこともわからず、後は病気にでもなれば捨てられちゃうんだけど、養母にはお金を隠すこともせず、手もとにあるだけあげちゃうんだそうですよ」

私は後日、毎日新聞の台北特派員に連れられて、この養女問題にあたっている呂錦花太々《タイタイ》を訪ねた。

呂錦花太々は、ちょっと見たところではまだ三〇代のように若々しい、小柄で愛くるしい人であった。私が太々を訪ねたのは養女問題のほかにも目的があったのだ。太々は台湾最初の婦人市会議員で、宋美齢夫人（注：蔣介石の妻）のただ一人の台湾女性としての側近でもあり、目下渡米中の宋夫人の留守を守る台湾の有力者なのであった。

愛想よく迎えられていろいろ話をしていると、夫妻は東京にも住んだことがあり、長男は新宿の生まれで、夫の陳尚文は、東京工業大学の電気化学の出身で、私の親しい友人の旦那様とはよく知っている仲だということなどがわかった。世間は狭いものである。

夫人は現在いろいろな仕事の幹事などしているが、台湾省保護養女運動委員会主任委員という長い肩書きも名刺に刷られている。

「日本語で養女っていうと、こんなものじゃないのですけど」

と私は切り出した。

「しかし、養女って名はお国（日本）の人がつけたのですよ。こちらでは里子とでもいいますかね。昔は人の子供を育ててあげるという、本質的には大変人情味に富んだものだったのですけどね」

と夫人は説明してくれた。何百年も前から続いているこの養女制度は、昔は子供のない人が、老後の楽しみにと子供をもらったりしたことから始まったのだという。その当時はもちろん売買という形式ではなかったのだが、いつの間にか「何にでも使える」女の子を、お金で受け渡すことになってしまった。

「いったい、いくらぐらいで売られますの」

「乳飲み児は安いですよ」

「赤ちゃんの時から売買するのですか」

「ええ、乳飲み児は手がかかり、その上何年も大変だから、赤ん坊のうちに売ってしまえばあまり未練も残らないというわけなんです。だいたい二〇〇元ぐらいですよ。六、七歳ぐらいになると三〇〇元ぐらいになり、だいたいすぐ使えるような子、たとえばあなたが入船町で見た子供達は一三、四で売買されて三千元から五千元ぐらいですね。親はこうソロバンをはじくのです。どうせ女の子はお嫁に行っていなくなるのだし、それよりも早く手放せば大金が入ってくる……」

私はただただ呆然とした。

「親は買い手を調べないのですか」

「いいえ、売ることは風俗でもあり、平凡なことなのです。買う人は自分の本当の娘にして可愛いがるといって買う習慣になっているのです」

また、売らなければならないほど困っていなくても、占者にこの子はほかにあげないと育たないなどといわれると、わが子可愛いさに売ってしまい、自分はありあまるお乳をほかの子をもらってきて飲ませるといったこともあるのだという。占者の中には人買いとグルになっている者もいるのだろう。

ほとんどの養女達は、売春婦にされてしまうが、そればかりでなく、悲惨な奴隷的な下女奉公を強制させられることもある。眠らなくても食べなくてもすむ機械のように酷使され、いじめられ痛めつけられた挙句、買ってきた時の価格かそれ以上の値で売り払われるのである。その買い手は大概下男で、お嫁さんを買うために必死に働いたお金を払って家に連れて帰るのだという。

いくら奴隷奉公させても、嫁に出すからにはまだ人情味があるといいたいところだが、実は自分の家で死なれると不吉だからと頃合いを見ては売り払うのであった。どう転んでみても養家のほうには損のないようにできているのだ。

この恐ろしい非文明的な制度は、中華民国になった時から纏足《てんそく》と同様に禁止されているはずなのである。禁止令後五〇年、政府はもちろん養女救出に手を尽くしているし、田舎の人達も知り始めてきて、最近では逆に、いったん娘を売り、色街に出されるのを待ってその筋に訴え、ただで連れて帰る親もいるそうで、買うほうも非常に用心深くなっているという。

娘達もことの重大さを知って、自分から訴えて出てくる者もある。そうすれば返金の必要もなく自由になれるのだが、なにぶんにも何の教育も受けていないのだから、それからが大変なのだ。ほかに職を見つけて自立する方法を知らないのだ。

「そうそう、さっきお茶をもってきた子ね。あれも養女だった子で、私の家に逃げてきたのです」

と呂錦花太々はいった。そういえば八つぐらいのおかっぱの子が不器用にお茶を置いていった。ところが、

「あの子は一四なんですよ。二カ月くらい前、養家で客をとらされてね、なにせ小さい子でしょう。何も知らないで相手をしていたところ、男が変なことをするので、そのまま部

屋を飛び出し、裸足で逃げてきたのですよ」

「それじゃもう……」

「いや、まだ大丈夫、その前に逃げてきたから。うちでは一カ月ほど、栄養をつけたり、静かにしておいてあげて、今少しずついろいろな家事を教えたり字を教えたりしているのですが、まだ名前も書けないのです」

私達が呂家を辞する時、その子が雨の中を飛んで来て門を開けてくれた。いわれてから見ればやはり八つには見えない。それどころか、入船町の子供達と違って鋭くこちらを警戒しているような目つきをしている。もしこちらが手でも差し出せば、サッと飛び退きそうな気配がビリビリこちらに伝わってくる。よほど怖い目に遭ったのだろう。

現在一八万はいるという養女。

ごく少数が幸福な家庭にもらわれて大学に入り、幸せな結婚をしているケースもなくはないが、大方は悲惨な境遇に落ちているという。それにしても、同じ貧乏に生れ、養女に売られても、裸足で飛び出してきた子と、綺麗な洋服に魅せられ色街でいいように扱われている子とは、一〇年後にはどのような差になって現われるのだろうか。

激しい雨をついて疾走する車の中で、私は暗い思いに閉ざされた。今頃、不幸な養女達は何を思い、何をしているのだろう。

# Ⅲ タイ

# 悠然たる白象の国・タイ

その昔、一六世紀に日本の快男児山田長政が現われたというタイに、私は飛んで来た。航空の発達している今日でさえ、日本からは通算一四時間もかかるこの国へ、かの長政は不便な船で炎暑にもめげずやってきたのだ。思えば、昔の日本男子は勇ましくて頼もしい。

一三世紀のはじめに、中国のユン・ナン地方にいたタイ族は、蒙古に征服され、今のタイに南下してきたのである。これがタイ国の第一期創成期であろう。

はじめの首都は、一二三八年、タイ族がカンボジアを破った時、スコータイに建て、二番目の首都は、アユタヤに建設した。

アユタヤは、一三五〇年にラーマーティボーディー一世によって首都となったが、このラーマー王は、はじめてタイ国の法律をつくった人である。

たとえば離婚を簡単にしたり、何回結婚してもよいなどという法律を定めたのである。その王の次に法律をつくった王はボーロマトライローカナート（在位一四四八―一四八八年）といい、彼は宮廷内の法律を定めた。

ちなみに列記してみると、

一、王子と王姫に五階級を認める。

二、宮廷内での不義は、女は即座に処刑され、男は三日間の拷問の後、処刑する。

三、王の船をゆすったり、迷い犬を王宮に入れたり、王のいる席で小声で話をしたりすれば、死刑罪となる。

四、王子や貴族も獄につなぐことはできるが、ただし王子は金の鎖でつなぎ、貴族は銀の鎖でつなぐ。王子を死刑にすることもできるが、最上の布でつくった袋の中に入れ、白檀の棒で叩いてそれを行なう。

五、王族にさわってはいけない（この法のおかげで一人の王子が、夏の別荘で溺死した。人々は目の前で王子が溺死してゆくのを、さわるわけにはいかず見守っていたという、まるで寓話のような話が伝わっているのだ）。

というようなものであった。

アユタヤはその後、一五六八年、ビルマ（注：現ミャンマー）軍に攻められて破壊されたが、一九年後に再びタイの手に戻っている。その後、ここには人口数千人の日本町もでき、かの有名な山田長政も住んでいたのだという。

一七六七年、アユタヤは再びビルマ軍に完全に破壊された。現在のアユタヤ市は、だからその遺跡からやや離れたところに建っている。

アユタヤの次に定められた首都はバンコクの川向うのトンブリーである。一七六七年、タークシン王がビルマ人を追っぱらって建設し、ついにはタイ国を平定し統一したのだが、王は後年気がふれて、首都建設後一五年目には処刑されてしまった。そして、タークシン王死後に王の地位に登ったのは、チャオプラヤー・チャクリー将軍である。彼は一七八二年にバンコクを首都と定め、自らもその名をラーマ一世と称した。現在のラーマ九世はその子孫なのだ。

——これが白象の国タイの簡単な歴史である。

よくしたもので白象の国らしく、国そのものの形が象の頭に似ており、マレー半島がちょうど象の鼻になっているのだから面白い。

象は現在でもこの国ではシンボルとして扱われ、なおこの国の原動力ともなっているのだ。その昔は象のための戦争さえ幾度か起こしている。一五四八年には隣国ペグの王が、タイ王のもっている七匹の白象欲しさに戦争をしかけ、ついに四匹の白象をせしめたというし、一八五三年にはタイがカンボジアに圧力を加え、カンボジア国内で発見される白象はすべてタイ国に献上する旨を約束させた条約をつくっているのを見ても、仏の化身ともみなされている白象が、いかにこの地方では重要視されていたかがわかるのである。

このようにタイの歴史を見ると、タイは幾度かカンボジアやビルマなど隣国に侵入され、またタイのほうも隣国を攻撃していることがわかる。しかし隣接する国同士の戦争はそのたびに自然に文化を交流させていたのである。ちょうど第二次大戦後、日本で急激にアメリカ文化が氾濫《はんらん》したような現象が、すべてにゆったりしたタイにも見られたのであろう。現在の王宮一つを見ても、タイ、カンボジア、インドふうのパゴダが隣接して建っており、隣国の文化の影響の並々ならぬことがうかがえるのである。タイがアンコール・ワットを攻めた時など、学者、専門家、芸術家なども含めた九万人もの捕虜を連れ帰っている事実が歴史に残っている。

私はこうしてタイの歴史をひもといている時、戦争と文化というものについて考えたものである。戦争という野蛮な行為が文化に大いに貢献しているという現象が、世界共通のものであるだけに、私には歴史が人間に示す痛烈な皮肉のようにも思えるのであった。

さて、現在のタイに目を転じてみよう。

タイ人は、自分達の国を「自由の国」と呼んでいるが、彼等が誇らかにいうように、タイは東南アジア諸国の中で、西欧の植民地にならなかった唯一の国家なのである。そのせいか首都バンコクには多少ヨーロッパ、アメリカの影響が見られるものの、その他の地方では今もって、自らの風習、習慣を守っているのである。

たとえば、バンコクでは男女が抱き合って踊るダンスなどは普通に見られるが、地方の村人にそんな光景を見せるとショック死してしまうであろうといわれる。そのくらいだから、入浴は男女ともに「湯もじ」（注：腰巻）を巻いて水をかぶるだけで、絶対に裸になったり、湯の中にジャブンと入ったりはしない。そのくせ、生理的要求のほうは単に膀胱や腸の作用であるとして、人前でも平気でやってのけるのだから奇妙なものだ。

この辺の人々は、一般に性に関して早熟である。子供が一二歳ぐらいになるまで親と寝室をともにしたり、また家庭内でもそんな話をオープンにやられるからでもあろう。が、それでいて性は大変なタブーなのだから面白い。未婚の男女が公衆の面前でお互いにさわったりしようものなら事なのだ。たちまちそれはセックスを要望しているとみなされ、背徳者にされてしまう。そういうふうだから、タイの村娘は結婚前にセックスの経験をもつ者は皆無といってよいぐらいである。しかし、それに反して男は、若い時に近所の年上の女とか売春婦から経験するのが普通だという。

結婚風俗も独特である。娘が一五、六になると、村の青年達のグループがシャペロン（監督役、付添人）なしで娘の家のベランダに集まって娘をまじえ談笑し、やがて娘が青年達の中の一人に特別の態度でもとるようになると、他の青年は引き退《すさ》り、やがて二人は仲人を立てて結婚する運びになるのである。

結婚式は村の長老達の前で行なわれ、花婿と花嫁の手首は一緒に結《ゆ》わかれ、人々が飲めや歌えやで大騒ぎしている間に二人は別室に入るという仕組みになっているという。

タイの北方では式も披露もやらず、ただ一緒に住み始めると結婚が認められるというところもある。また、ところによっては、正式の結婚前に試験結婚が行なわれることもある。もちろん、相手に嫌なところがあれば、すぐ解消してしまうことができるわけである。

タイでは普通一夫一妻であるが、金持ちとか上流社会では、たまたま一夫多妻のケースもあり、時には妻のほうから夫に家事手伝いのためもう一人の妻を迎えるようにと頼むこともあるという。この場合、第一夫人のほうが絶対の権力をもつが、誰に生ませた子供でも、夫の子供ならそれは完全に認められる。したがって子供には妾の子だ、二号の子だという負い目はないわけである。

このように、タイはどこまでも男本位に社会が構成されている国で、ひと昔前の日本にひどく似ているように思われた。私は少し気を悪くして、東京の友人にこんな手紙を書いた。

「日本の女が威張るのが気に入らないといつもいってるあなたは、ぜひタイに来るべきかもしません。タイの女性は、女は働くものだと思いこんでおり、また実によく働くようです。それもあなたのお気に召すでしょう。しかし、あなたのように、いつも忙しげに働きまわっていることの好きな人には、タイは三日で退屈してしまうかもしれません。近代人の感覚にそぐわない風俗や習慣は、音をたてて崩れていく時代なのに、タイ人は常に『今の世』に満足していて、他国人のようにガツガツと新しいものを吸収しようとしたりはせず、のんびりとその日その日を過ごしているのです……。そうしてみるとあなたは、やはり日本でブツブツいいながらも、慌ただしく仕事に追いまくられているほうがいいのかもしれませんね」

私はこんなことも考えた。気候もよく風土も肥えていて、作物が楽に穫れることが彼等をなまけものにしてしまったのか、タイ人の生活を見ているとまるで欲がないように見える。イージーな暮らしに慣れて、もっと豊かに、もっと便利にという意欲がまるでないかに見えるのである。自らの風俗習慣を墨守し、「今の世に満足しているというのも、彼等はただ新しいものを自分達の生活にとり入れることがもの憂いという、ただそれだけの理由からではなかろうか——と。

タイ人は、だから自分達の生活を騒々しくかきたてる他国人を、特に華僑をあまりよくはいわない。

もっとも日本人にはぐんと親しみをもち、私と会った青年達は、日本へ留学したいとその希望を熱心に打ち明けるのだった。日本語熱も非常に盛んで、在タイ日本人は日本語教師のアルバイトでけっこう稼いでいるようであった。私はこの風潮を知った時、実に嬉しかった。

技術をもち、覇気のある人は、この機を逃さずどしどしこの国に出かけるべきだと私は思う（ただし、そこに住みつく気でなくてはならない。アメリカで日系人の出稼ぎ根性がひどく嫌われたことに、私達はもっと留意せねばなるまい）。

たとえば、医学を心得ている人なら、タイ人は諸手をあげて歓迎してくれる。日本の都会なら二、三軒おいて同業の医師がいることさえあるが、ここではそんなことは夢物語なのである。私は、元日本軍の衛兵が医者にまつりあげられ、信頼されているのを実際に見聞しあきれたが、それほど医者が払底し、渇望されているのである。医者だけでなく、機械工業にしてしかり、農業においてしかりで、日本人にはまさに絶好の働き場所なのだ。何もアメリカだの南米だのに行くことはなく、地理的にも近いこのあたりに日本人はもっと進出すべきであると私は思ったものである。タイ人とタイの広大な国土は喜んで迎えしくれるであろう。

タイの人口密度は、日本の一平方キロあたり二四四人に対し、四四人という少なさである。人口の四〇パーセント以上が中央の平野に住んでいるが、それは領土の二五パーセントにも達しない部分というから、どこへ行っても人が見えないことがないという日本とはまるで違う。バンコクを一歩出れば、広大な平原に自分一人という悠然たる光景に出くわすことも稀ではないのである。

バンコクでは住民の半数以上が華僑だといわれるほど中国人が多い。彼等はタイの経済を支配しているといっていいほどで、技術者、銀行家はほとんどが中国人である。それに比べてタイ族はほとんどが百姓であり、彼等の八七パーセントは自作農で、悠長な気楽な生活を楽しんでいる。

世界的な米も、日本のように畝《うね》をつくるようなことはせず、パラパラともみを蒔いて、実ったら刈り込む程度の労力だけで、国内消費に必要な量の約二倍を生産する。そして余剰米を輸出して、外国物資を輸入しているのである。

「タイはパラダイスです」

とあるタイ人が自慢していたが、まったく狭い国にひしめくように生きている日本人には、羨ましいような話である。暑ければすぐ側のクロング（運河）なり、堀割で水浴びし、お腹が空けばそのあたりの果物に手を伸ばしさえすればいいし、何もしたくなければ寝てしまえばいいのである。私はそういう光景をまのあたりにしながら、あるもと日本の中尉さんがこういっていたことを思い出した。

「タイ人か日本人か見わける時は、目を見るといい。すばしっこそうに血走っていれば日本人で、柔和なのはタイ人である」

とりわけ、村の人は実にのんびりした表情と目をもっている。たいていの村人は一日一日を呑気に暮らしながら、その村だけで一生を終えるのだという。

そのように、すべてに大まかでゆったりとしたタイの中でも、さすがに子供達だけは賑やかですばしっこい。この国では一五歳になると、皆一度は僧か兵にならなければならないそうであるが、私が会ったある宝石店の売り子は、自分は僧になるより兵になるのだと昂然といったものであった。いかにも時世の動きを裏書きしている言葉ではないか。

しかし、兵か僧にならなければならないとは、なんとタイらしく矛盾した話であろうと私は思った。かたや殺し屋稼業で、かたや蚊も殺さぬ業なのである。

僧の姿は、タイの街で特色のあるものの一つである。黄色の衣を着て、毎朝夜明けとともに街に出て托鉢する。僧は一切の欲望を捨てて仏道に身をささげるということから、一般民衆は僧を仏陀同様の念をもって迎え礼拝し、進んで喜捨する。そうして南国の陽が早くも高くなる頃、寺院にもち帰って食べるのだそうだが、食事は一日一回きり、時間は一一時にかぎられているそうである。その後は、ずっと食事もとらずに修業するというのだから、難行苦行とはまさにこのこと。托鉢する僧の中には、兵よりも僧を選んだ子なのか、いたいけな顔も見ることができた。

私が寺院を訪れた時、黄色の衣をまとった少年達が、日陰で熱心に英語を勉強しているのを見たが、日本のわんぱくな少年とまったく異なるところのない顔の男の子が、黄衣をさっとまとって裸足のまま突っ立ち、その立ち姿が数百年来の古いタイ建築の寺院の白壁にくっきりと浮かび出ていたのは、非常に印象的であった。

「彼等が大人になる頃には、タイももっと生き生きした国になるでしょう」

私を案内してくれたタイの大学生はそういったが、私はそれを若々しい言葉として聞いた。私は必ずしもタイの度外れたのどかさを否定的に見たわけではなかったが、大学生の言葉は、その時、新鮮でキッパリした息吹きを私に伝えてくれたのであった。

タイでは一世紀も前から学生を西欧諸国に送り、今でも西欧へ行っている留学生は非常に多い。したがって、上流社会人は英、仏語に堪能な人も多く、バンコクではそういう人達がウエスタンスタイルの家でヨーロッパ式に住んでいるのを、かなり見かけることもできる。新しさは徐々に浸透しているのである。

悠然と眠っている白い巨象も、やがてはゆっくりと立ち上がる時があるであろう。少年や青年や留学生達を中心にする新しい鼓動が巨象の眠りを覚ます日も、そんなに遠いことではないように私には思われるのであった。

# バンコクというところ

バンコクはメナム（注：チャオプラヤー川）河口から三〇キロの左岸に位置し、その一部はメナムの右岸に跨《またが》っている。街の中心をなしているのは王宮とそれを囲む一郭《いっかく》である。純タイ式の建築で白色の基部の上に三つの尖塔がそびえている。城内にはこの国第一の霊場たるワット・プラケオの大寺院があり、王室の守護なる緑玉（注：エメラルド色の翡翠《ひすい》）の仏像を安置している。その他、市内には歴代の国王によって建立された多くの寺院があり、中でもワット・アルンやワット・ポーなどはもっとも有名である。

城内から城外にかけて水路が縦横に通じ、水上交通が盛んである。クロングと呼ばれる運河に、チャオピア川が流れ、裏町などは一種のアベニューともいうべきクロングが通路となり、これに面して特異な杭上《こうじょう》家屋が並び、商店街を形づくっている。土地が水面とすれすれの高さしかなく、雨季には水量が増す関係から、家を建てるには高く盛土をするか、あるいは二メートルぐらいの杭を打ち、その上に建てる。登り降りはハシゴを使うのである。市の東端にある運河では、朝五時から水上市場が開かれ、東京の築地や秋葉原の市場のように、食料品、衣類、雑貨など市民の生活必需品を積んだ船が集まる。

市の経済活動の中心は、城内の南側にあるサンペン街である。ほとんどが華僑の商店街で、その中にはサムロー(輪タク)が電車や自動車とともに疾駆《しっく》している。人通りの多い路上には、熱帯の果実や野菜、雑貨や飲食物などを商う露店が店を広げ、狭い小路の奥には飲食店や小劇場が騒音を路上に投げている。

私はバンコクに来るや、早速録音機を肩にあちこち歩きまわったが、自分の服装には閉口してしまった。なんだかひどく派手すぎる感じがして、街の中に溶けこめないのだ。ツーリストの集まるホテルでは、何を着ていても場外れな感じはないのだが、いざ街に出てみると白のブラウスとスカートでさえパッと目立つのである。もっとも昼間ヒョコヒョコ歩いているのは、たいていこの国の青銅色に焼けた人達ばかりだし、区域によっては白い靴下などはいている人を見かけるが、ほとんどがサンダルか裸足である。

私は家では母からスローだと叱られるぐらいなのに、バンコクの街を歩いていると、私だけがいかにもせせこましく感じられるのだった。それほど土地の人はゆったりと歩いているのである。ただ、意外なのは、自動車の速さである。バカ速いのだ。仏さまのように物に動じない落ち着いた運転手の顔と車の速さは、いかにも対照的であった。

ある日、大通りで私達の車の前に、何か白いかたまりがポンと飛んで来たことがあった。私はそれを見た途端ハッとした。人間なのだ。白いかたまりは前の車にぶつかって跳ね返り、私達の横に疾走してきた車にまたひかれたのだ。皮肉なことに、ひいた車は赤十字のマークをつけている。赤十字の男達はすぐ車を降り、血にそまった白いかたまりをもくもくと自分達の車に運び入れ、スーッと立ち去ってしまった。

「動かしたら駄目なんじゃないかしら」

私の声は少しふるえていた。

「そうですか、マム」

運転手は淡々として、相変わらず表情は変わらなかった。人間があれだけ飛び上がるってことは、いったい何マイルのスピードの車にやられたのか。私は再び疾走し出した車の中に体を小さくしてうずくまりながら、じれったいほどゆっくり歩いている路上の人に目をやった。

タイでは、この種の奇妙なコントラストが、至るところでツーリストを待ち受けているのだ。西と東。モダンとクラシック。豪華と貧寒、美と醜、清潔と汚濁、それらがすべて極度に相反し、混沌とした状況を生んで、旅人を驚かせ、不可解な目を見はらせるのであった。たとえば、市のど真中に横たわるコールタール状のドロドロの堀に、人が胸まで体をつけて水浴(?)している。ところが傍らの立派に舗装された道にはメルセデス・ベンツが、この暑いのにネクタイまできちんと締めた紳士を乗せて疾走してゆくのである。僧が黄衣をまとって裸足で歩いている。ところがすぐ側のホテルエラワンの変型プールでは、白人の男女がプールの水をいっぱいに跳ね散らし、ビキニスタイルの女がわざわざ日光浴をしているのだ。

私がある日ホテルエラワンのプールの傍らでそんな光景を眺めていると、プールで遊んでいる白人達よりはるかに気品のある顔つきをしたタイの少年が、白のコートに黒のズボンというスッキリした服装で、ゆっくり私の前に足を運んできた。ホテルのボーイである。私がアイスクリームを注文すると慇懃に上半身を傾け「イエス、マム」そして静かに立ち去った。ところが運ばれてきたクリームを見ると、受皿にクリームが流れてしまっており、器の中のクリームはほとんどクリーム水になってしまっている。私は西欧式に躾けられたボーイの後ろ姿を見ながら、それでも好意的に事を解釈したものだ。食堂からここまで遠いのだから仕方がないとすべきなのだろうと。

フロントに行くと、女事務員が、スッキリした足を見せた中国服のフランス人とフランス語で話していたが、私には英語で返事をした。しかし、そのテンポの早い応待に感心した私の目にやがて映ったのは、その事務員が知り合いのタイ人に両手を合わせて、合掌の挨拶をしている悠長な光景であった。まったく目まぐるしい。

部屋にはトイレがついていた。見ると、昨今日本の家庭にも備えてきつつあるビデがあった。私はビデの使い方を知らなかったので、どんなものかと試みに蛇口をひねってみると、しずしずと器に水が溜まり始めた。用はないけどせっかく水を溜めたのだからと思って、足先をこの中で洗った。だがこんな光景をタイ人が見たら嫌な気がするだろうと思って、私はそそくさと足をふき水を止めた。

タイ人には水は最高に尊いのである。水があってすべてが生存すると考えられている。したがって、水と名がつけばミルクコーヒー色のドロドロの川でも、市内の黒色のネトネトする堀割でもきれいなのである。一メートルも土を掘れば水の出るバンコクは、今でも道路の代わりに運河を用いているが、やはり時代相というべきか、船は自動車に代わり、運河も徐々に埋められつつあった。

だがタイ人は水を愛している。もう土手の崩れるままに水も流れずドロドロの水が溜まっている運河へも、子供はすっ裸で入り、大人は筒になっている布をまとって入る。出てきた時は文字通り泥まみれであるが、彼等は一向に気にしているふうもない。これに比べるとまだメナムの流域の人達は小綺麗というべきであろうと私は思ったものだ。ミルクコーヒー色ながら、出てきた時はずぶぬれ程度であるにすぎないからである。

彼等はすべて川の水に頼っている。お米を研ぐのも、野菜を洗うのも、食器を洗うのも川である。また体を洗うのも、洗濯をするのも、用を足すのも、そして犬の死骸を棄てるのもこの川だ。メナム川から細い運河に入れば入るほど、この非文明的な光景は至るところに展開されるようになる。

上流の家で赤ん坊におしっこをさせていると、下流の家のおばあさんは野菜を洗っているなんて図は、彼等にとっては当り前なのであろう。私がバンコクにいた頃はコレラが大流行している時でもあったが、この風景にはさしたる変化も生じなかった。

ところがバンコクのホテルでは、すべてがヨーロッパナイズされているのであった。ボーイの躾もホテルの設備も……。私は外からホテルに入ると、何とも奇妙な感じにまどわされたことは再三でなかった。

もっとも、ヨーロッパナイズされて気取っているホテルも、周囲の汚れた堀割などから発生する無数の蚊の攻撃には策をほどこす術もないらしく、私にしばしば悲鳴をあげさせた。個室にこもっているうちはまだいいが、ロビーなどにいるともう駄目だ。

ある日私が出かけるべくロビーで車を待っていると、蚊の集団におそわれたことがある。大げさではなく、見る間に体中を蚊にくいあらされるのである。私は呪いの言葉を呟さながら、車が現われるまでわが手わが足を引っぱたき続けたものだ。

だけど土地の人は蚊にくわれた時の痒さには不感症になっているのだろうか、その日はホテルで何かあるらしく、ホテルの玄関からは、続々と最高級クラスの紳士淑女が現われたが、彼等にも蚊はたかっているはずなのに、平然としているのである。

勲章をつけている人、イヴニングドレスの人。私がステージショーの人だとばかり思っていた美しい若い女性は、政府高官らしき人に丁重に挨拶されていたところを見ると、相当のクラスの人なのであろう。してみると直径一センチを越えるダイヤをつけた指輪も本物かもしれない。私は蚊の攻撃から注意をそちらに向けていた時、ちょうど迎えの車が来たのではっきり確かめずに来てしまったが、連れの人に、

「何か大きなパーティでもあるのでしょうか。皆さん正式にドレスアップしていましたわ」

と聞いてみると、

「今日のはそうかもしれませんね。でもホテル内のクラブに入る時は、きちんとドレスアップしないと入れません」

という答えだった。そのホテルのすぐ外では、裸足のサムロー引きが、膝頭を抱きながら道に座りこんでいた。見ると彼にも蚊は一向にたかっているふうはなかった。

蚊は土地の人の血にはあきてしまったのだろうか。私は考えておかしくなった。

# ローズ・チャンとコブラ

ある日、私がホテルの案内人と一緒にバンコクの「銀座」ともいうべき通りをぶらぶらしていると、裸の女が大蛇に巻かれてのたうっている看板が目に入った。それは三メートル近くのものでわざわざ人目のつくところに置いてあるのだから、目に入らぬのがおかしいぐらいだが、見てみると「ローズ・チャン」と派手に書いてある。ストリップショーの広告である。

ストリップというものは、横文字的な名をつけないと感じの出ないものかと思いながらも、私は看板から察すると、その胴まわりが直径三〇センチはありそうな大蛇に気をひかれた。すごいな、私のお転婆ぶりがムクムク頭をもたげた。私は本当は大の蛇嫌いなのだが、その時はいきおいにのって、案内人にいってしまった。

「あれが見たいわ」

ところが彼は驚いて、

"I beg your pardon, madam."

といった。マダム、と一応は呼びはするが、内心ではこの小娘奴（日本の女性は外国では若く見られるのか、小柄な私は同じ東洋のバンコクでも、しばしばティーンエイジャーとしか見られなかった）何を勘違いしたのかと思ったのであろう、彼の顔つきにもそれが出ている。私はムキになった。

「私はこの大蛇が見たいのです。切符を買ってください」

「マダム、切狩は買っておきますが、始まるまでには時間もありますので、私は失礼させていただかねばなりません」

彼は後で車を差し向けると約束して、私に切狩を買ってくれるとそそくさと帰ってしまった。さすがに私も一人になるとためらったが、ままよと意を決した。

場内はムッと息苦しいほどだった。時間近くなると、続々とタイ人や中国人が集まってきた。ステージから真っ直ぐ中央に花道が突き出ており、いわゆるかぶりつきはいち早く満員になってしまう。

やがて大変お粗末なジンタにのって舞台は始まった。若い女の子がオリーブ色のカーテンみたいなものを体に巻きつけ、時々あっちを見せたりこっちを見せたりしてステージを散歩していたが、最後にさっとカーテン（?）を落とした。全裸である。とその瞬間、彼女はヒョイと片足を上げて、それでカモフラージュしながら引っ込んだ。観衆がドッと湧いた。全裸ショーはこれだけでなかった。私は舞台のドギツイ光景に一度ならず顔をおおいたい衝動に駆られたものである。あたりを見まわすと、女は私のほかに白人ツーリストが四人ばかりいるだけで、観客の野次で笑わないのは私達女だけであった。

さて、いよいよローズ・チャンの出番になった。よほど人気のあるストリッパーらしく客席は大騒ぎなのだ。幕が上がると、彼女はベッドの上で真紅のネグリジェだけを身につけてゴロゴロしていた。髪は真っ黄色で肌は真っ白、起き上がって体をくねらせながらステージの中央に出てきた彼女の体は実に堂々としており、私はロシア人かと思ったくらいであった。彼女の仕草の一つ一つは完全に観衆をのんでおり、客席と意気を合わせる呼吸などは鮮やかなものだ。しかし、どの仕草を見ても、わが国ではお巡りさんが飛んで来そうな露骨なものばかり。ヤカン頭のお客の顔を自分の乳房でブイーンブイーンとなぐったりする。すると観客はもう大変な喜びようなのだ。私は公衆の前でこんなことをされてニヤついている男というものがふと疎《うと》ましくなった。

こんな騒ぎのあった後である。どんなに血走った顔つきをして出てくるかと、私は入口で観客の出てくるのを待ち受けて観察することにしたが、どの男も先ほどの騒ぎの余韻を一片も残さぬ、至極平然とした表情をして出てきたのに私は仰天した。さてもさても男というものは——。

いい忘れたが、蛇らしきものはミミズ一匹すら出てこなかった。

蛇といえば、タイに蛇の多いことには驚くばかりである。この国の悠長さとエキゾチシズムはいたく気に入って、いずれ時間とお金さえ自由になるようになれば一年ばかり住んでみたいと思っている私も、それまでに蛇に親しんでおかねばならないと思うと、気持ちもにぶるのであった。

前にもいったように、私はちょっと度外れなほど蛇が嫌いなのだ。何か悪い事をしたと思って寝た夜は、決まって蛇を投げつけられたりする夢を見るのであった。私にとってこれ以上の罰はない。

動物園に行くと私が一番長く見ているのは蛇である。というのは、なんでこんなに怖いのか見極める気持ちと、蛇にできるだけ馴れようとする私の必死の努力にほかならないのだ。私がハンドバックにも靴にも蛇の革を用いているのも、わが手に自由に扱うことができるという優越感、つまり蛇恐怖症の裏返しなのである。

バンコクは首府といえども、蛇にみちみちている。庭の芝生の手入れがよく行き届いているのも蛇をすぐ発見できるためだという。うっかり芝生を伸び放題にしておくとコブラにパクつかれることがあるのである。

昨年のことであるが、ラジオ東京の人が日本人家族の録音をとりに行ったところ、家中の人が戦々恐々としているので、何事かと尋ねると実は蛇が――ということになった。二日ほど前、庭を横ぎる蛇を見つけたので皆が大騒ぎすると、それがなんと床下に入ってきていまだに出てこないというのである。ラジオ東京の人も大の蛇嫌いであった。彼はその話を聞いて後は、今話している真下か、あるいは真上か、はたまたするりと横からでもすべりこんできたらどうしようと思うと気が遠くなりそうで、録音どころではなかったということだった。

私もバンコクに来る時、機内で、三井銀行の支店長がゴルフをしている時にコブラにやられたという話を聞いていた。よくそのゴルフ場の側を往来する私は、だから今度の旅ではできるかぎり徒歩は避けるという用心深さを示したものだが、ある日のこと、私のホテルにも蛇が現われたと聞いて、まったくユーウツになってしまった。ちょうどその日、私は用事があってホテルにすっ飛んで帰り、エレベーターを待つのももどかしく四階の自分の部屋までバタバタと走り上った。そして、部屋の中に駆けこもうとした時、外国婦人達が騒いでいるのが目についたので、何事かと思って耳をすますと、この四階に蛇が現われたらしいと話しているのであった。この大ホテルの、しかも四階に――私はその時は咄嗟に信じられず、無理に一笑に付すと、用事をすませるや逃げるようにしてホテルを出たのだが、何としても気持ちの悪い話なので、後で早速、土地の人にこの話をもち出してみた。

「ほうホテルに現われるなんて、蛇もモダンになったものですな」

「冗談じゃありませんわ。しかも四階ですのよ」

「ほう、ますます大したものだ」

「でも、あんなに人がいるところを、どうやって上ったのかしら」

「あそこのホテルのエレベーターは、たしかオートマチックでしたね。ボタン一つ押せば四階なんかわけなでしょう。なにしろホテルに出入りするような蛇だから、尻尾をするすると伸ばしてボタンを……」

私はいいようにからかわれたが、結局は蛇が四階に現われる可能性は充分にあるという結論になった。その後の私は自分の部屋はもちろん、広い廊下を歩く時も目を皿のようにして歩き、エレベーターに乗る時も、中をさっと見まわし蛇がいないことを確かめてから乗ったものであった。


そのように蛇の多いバンコクに赤十字のコブラ養成所があるのは当然だろう。ここでは毎年数多くのコブラの被害者のために、コブラの毒を馬に打って血清をつくっているとのことである。そのパスツール研究所の庭はだだっ広く、高さ約一メートルの黄色っぽいコンクリートの塀がそのまわりに長方形に張りめぐらされ、子供達のよい遊び場になっている。

たまたま私が通りかかった時、同行の人に見てごらんなさいといわれて驚いた。約一〇坪ぐらいの広場が地面から一メートル半ほど掘りさげられ、コブラのプールになっているのだ。中央にはトーチカ状のものがいくつもあって、一つはひっくり返ってサラダボールのようであった。

「これはただの蛇？」

と私は聞いてみた。はじめ私はこんなにオープンに設けられてあるのだから、あの恐ろしいコブラ養成所と思えなかったのである。

「ただの蛇なんか、ここでは用がありませんよ。全部正真正銘のコブラです。見てごらんなさい」

と彼は石を拾って蛇に投げつけた。蛇はキッとこちらを向いたが、その目その顔、ああその時の形相のすさまじいこと。あれよあれよという間に顎をプーッとふくらませ、顔から下がだんだん硬直して、まるで魔法にかけられて棒になってしまったようだ。すると他のコブラも連鎖反応を起こし出した。私はゾーとして鳥肌が立った。

どこからかまた石が飛んで来た。ハッとして見ると囲いの塀に子供が跨がり石を投げつけているではないか。

「アッ、あの子、危ない！」

私は思わず声をたてた。

「どうしたんです」

「だって、あんなところに跨って……」

「いやあ、大丈夫ですよ。よく落っこちる子もいるけど、このあたりの子供達はよく降りたり、上ったりして遊んでいるんですよ」

「ゲッ、それでコブラは？」

「コブラのほうがびっくりして逃げちゃうんです」

私はこの子供達の万分の一の勇気ももち合わせていないことを、ここに告白しなければなるまい。今ここで、ジェット機をあげるから塀の中に入ってみろといわれたって、とても駄目だと思った。もっともジェット機一台分一九億円の札束を積み上げられればわからないが……。

なんとしても私は蛇が怖い。

# タイボクシング

　毎週末に開かれるタイボクシングに私は行ってみることにした。戦前タイボクシングを映画で観て、そのものすごさをよく覚えていたからであった。私の記憶ではなぐる、蹴る、とっくみあうの、およそ日本で見るボクシングのルールを無視した乱暴狼藉のきわまるものであったのである。

　会場は、いわば日本の国技館みたいに広いところで、私が入場した時は場内はあますところなく人がうごめいていた。どうも高い席を買ってしまったらしく、私の席のまわりは白人ばかりである。入口でガリ版刷りの字のはっきりしない用紙をもらったので読んでみると、

「このボクシングのルールは何をしてもいいということである。但し、以下三つの禁止事項は守らなければならない。

1、髪の毛をむしるべからず
2、唾をひっかけるべからず
3、喰いつくべからず」
とある。私は一読して驚き、再読して思わず自分の目を疑った。これはすごい。

かけ声があがって、色のあさ黒いハンサムボーイが二人、リングに上がってきた。これで「何をしてもよい」という乱暴に堪えられるかと思うほどのすんなりとした可愛い顔の青年である。しかし次の瞬間私は安堵した。彼等はひざまづいて各方向にお祈りを始め、それがすむと片足だけはそのままにして、もう一つの足を後ろに蹴り上げ、ちょうど卍《まんじ》のようなポーズをとったのだ。私は彼等がボクシングの前座を務めるショーの人達だと判断した。

彼等は徐々に動き始め、手を上げたり下げたり、顔をぐるぐるまわしたり、そのモーションは優雅というか典雅というか、ゆるやかな一種独特の雰囲気をただよわせながら踊り出したのである。やがて彼等はゆっくり立ち上がり、スローモーションのボクシングのように、今度は打つ格好を演じ始めた。まるで御神楽《おかぐら》でも見ているようだ。

「私の国にもこういうダンスがあります」

私は隣の外人に得々としていったものだ。御神楽なら民族的な踊りとして誇るに足ると思っていたからだ。ところが外人の答えは意外であった。

「おお、あなたのお国も猿を拝みますか」

「?」

物いえば唇寒しである。目前のダンス(?)は猿を拝む儀式らしい〝己の判断は控え目にすべし〟である。私はボクシングを見る気構えなどすっかり消えうせてしまった。

ところが、いよいよ本番になると今までの間延びしたような空気は一変した。彼等一人はやはり本物のボクサーだったのである。とにかくはじめからものすごい。双方がパッと退くと見るや、ハンサムボーイAの足はピーンと伸びてBの顔をねらった。するとBは猿《さる》飛佐助《とびさすけ》(注:講談に登場する忍者)そのままに跳び上り、同じくAの顔をねらう。手はもっぱらディフェンスに使っている。足はアタック用らしく、彼等は靴をはいていない。腕には赤いハンカチを小さく巻いており、それがチラチラするたびに、観衆はエキサイトしていくようであった。

しかしリング上のボクサー達の顔はまるで無表情なのだ。普通のボクシングだと、ボクサーは背をまるめ目は獰猛《どうもう》そのものになり、見ている者まで半面がひきつってくることもあるが、タイのボクサー達は、その点、実に淡々としている。いや淡々としているというよりは、あの南方民族特有のメランコリックな表情さえうかがわれて、彼等の足がサッと伸びた時は、さながらレヴューを見ているような感じさえした。

が、そのうちタイボクシングはその本領を私に見せつけた。羚羊《かもしか》の足のようにすんなりしたAの足が、Bの頬をガーンと蹴ったのである。蹴ったというより、横っ面をピーンとなぐったという感じである。Bは転倒した。Aに比べてはるかに筋骨隆々としており、それまですごく張り切っていたBはまったく信じられないぐらい、あっさりと横転してしまったのである。私もこれまでフラフラになったボクサーがパンチを喰らってKOされた光景は見たこともあるが、こんなことははじめてだった。

その昔、新宿でフィリピン人とタイ人の喧嘩を見たことがあったが、フィリピン人がナイフを出したのにタイ人は素手で応酬し、タイ人の足の一撃でフィリピン人はあっけなく倒れてしまった。彼等の足技はきっと流球人の空手に相当するのだろう。

何回かの取り合わせの度にいちいちさっきの御神楽を演ずるのだが、いつか私もすっかり興奮して、写真を撮りまくった。スラリと伸びる瞬間の足をよい角度でねらわんものと四苦八苦しながらパチパチやったのである。

しかしこのおかげでフィルムを切らし、どこかに売っているだろうと席から飛び出し廊下をうろうろしていると、一ファンと思われたのであろう、私は選手の控え室に連れて行かれてしまったのだ。選手は目下着替え中であったが、そこは慣れたもので私にニッコリ微笑んでみせるのである。私はというと、裸の男性の前で狼狽してしまい、実はここに用があるのではなくフィルムが欲しかったのである、と小さな声で訴えるようにいうと、取り巻きの中の一人が「オー」といって私を隣の部屋に連れて行ってくれた。

しかし、今もってわからないのは、なぜその男が私をそこに連れて行ったかである。というのは連れて行かれたところは、なんと男女兼用のトイレットだったからなのである。

# 国際結婚

朝九時、館員の出勤を待ち受けるようにして私はタイの日本大使館に飛びこんだ。朝の内に仕事をすませてしまおうと思ったのである。私の今度の旅行の目的の一つは、各地にそれぞれ日本とどのように違う風俗習慣があるかを探し出してくることであったが、それには国際結婚をした、それも女性を探し出すことが一番だと考えたのである。日本を知っていて、そしてこの国に住みついている人、それも土地の習慣にまず苦労するのは男よりも女だったし、生活に密着しているのも女だと思ったからである。

そういうわけで、私が大使館に飛びこんだのは適切な人を紹介してもらうつもりであったのだ。私が館員に用件を話すと、ああそれならS夫人がいいでしょうと、早速隣室のS夫人を呼んでくれた。出てきた夫人はキリッとした顔つきの日本人である。

私は早速、切り出した。

「タイ人の奥様になっている日本婦人にインタビューしたいんですが」

「そうですねぇ」

S夫人はしばらく考えていった。

「むずかしいですよ。皆さん忙しいから」

「ほんの三〇分ぐらいでよろしいのです。日本とまったく違うこちらの習慣などを、このテープにお話し願えたらと思いまして」

「ああ、そんなことですか。じゃあ私がお話ししましょうか」

「こちらにはお長くていらっしゃいますの？」

私はこちらに来たばかりの人より、少なくとも五年以上いる人の話を聞きたかったのだ。

「ええ、もう一三年です。主人はここの人間なんですよ」

何のことはない。めざす相手は目の前にいたのだ。私は勇躍した。S夫人はハキハキ喋ってくれるタイプなのでインタビューの相手としてはこの上ない。私はいざということになって「忙しい」としぶり出したS夫人をくどいて、ようやく、大使館の勤務が終わって次の日本語教師のアルバイトに入る前の時間を、録音のためにいただく約束をもらった。

そして、その前にT夫人に面会することにした。T夫人人はタイの皇族と結婚している人である。ちょうど日本では、皇太子と平民の結婚で国中が興奮していた頃である。私は皇族と平民のタイ版をねらったのだ。〃日本新聞処〃と大きな看板のかかっているところに着いたのは午後四時半。私とT夫人はそこで会うことになっていた。

オヤッと思うほど日本的な美人が、私が待っている部屋に入ってきた。それがT夫人であったのだ。

「それは何ですの」

それが第一声であった。

「テープレコーダーです、奥様。ラジオでお声を日本国中に流したいと思いますので」

「お断わりいたします。私はただ、お話しをすればよいということだから参ったのです」

見るとT夫人の顔面はこわばっている。指先はギュッときつく握られていた。これはいけないと私は思った。

「別に何でもないことなんです。ただ普通にお話しくだされればよろしいのですけど」

「絶対にお断わりいたします」

仕方がない。私はテープレコーダーのスイッチを切ってイヤホンもとった。

「奥様、それでは筆記にいたしますが、お答えくださいますでしょうか」

夫人はにこりともせず肯き、それでも「ハイ」といってくれた。

「御主人はこの国の皇族でいらっしゃるそうですが、御結婚の時は何の障害もございませんでしたか？」

「別に何も障害はございませんでした。夫は今の王の叔父にあたりますが、この国は外国人との結婚には少しもうるさくございません。王となる人ならまた別でございましょうが、他の皇族なら、碧《あお》い目の御子さんをおもちの方だっていらっしゃいます。この国は結婚に変な偏見なんてまったくないのです」

「もう何年におなりですの」

「二〇年になるでしょうか。戦前、戦中は日本におりまして、こちらに来たのは戦後なのです」

これでわかった、と私は思った。彼女はタイ人を夫にもっていたために、きっと日本では憲兵にいためつけられたのに違いない。そういう嫌な記憶がテープをいやがらせ、話をすっかりかたくさせてしまうのに違いない。私は話題を変え、タイボクシングの会場での失敗などを話しその場の空気をやわらげてから、さりげなくまた切り出した。

「奥様、この程度のお話しでよろしいのです。テープに入れさせてくださいませ、後でお嫌な箇所はおっしゃってくだされば削りますから」

私は夫人の返事も待たずにさっさと仕度した。とにかく私の取材旅行ではじめての仕事らしい仕事である。〝こういうことがあったが何もできなかった〟では、私の沽券にもかかわる。それに悪い事をしているのでなかった。私は心臓に鉄のベールをかぶせた。

「御主人が官廷の儀式に御出席の時は、奥様も御一緒ですの？」

「やむを得ぬ場合は参ります」

夫人の口調は相変わらずかたい。

「お着物をお召しになりますか？」

「私はタイ人と結婚しているのです。タイの服装です」

「日本からタイにいらっしゃる時は、どんなお気持ちでした？」

「主人の出張についていくといった気持ちでした」

「お家では日本語をお使いなるんですか」

「子供はタイ語だけです。なぜって夫がタイ人ですから」

「奥様と御主人の間は？」

「日本語を使います。主人は越中島（注：東京都）で日本の学校に行っておりましたので、日本語は自由に使えるのです」

「その当時ですか。御主人とはじめてお会いになったのは」

「……」

「奥様は日本のどこの御出身ですの」

「……昔のことはいいたくないのですけど」

まったく事務的な会話になってしまった。私はその昔のロマンスでも語ってもらったかたい雰囲気をほころばそうとしたのに、夫人の顔はこわばるばかり。

「奥様の御両親や御家族は日本にいらっしゃいますの」

「おりません」

「ホームシックなどにかかることは」

「ございません」

これでは何とも仕様がない。私は憂欝になってしまった。いったいどんな質問をすれば気持ちよく答えてくれるのだろう。私は途方にくれた。

「こちらではどんなものを召し上がっていらっしゃいますの。やはりタイ食ばかりですか」

「いいえ、日本料理ももちろん食べます。日本着物も着ます。私は日本人なんですから」

夫人もいらいらしたように答えると、もうやめてくれといいだした。私もホッとしてスイッチを切ると、夫人は人と会う約束があるからといってニコリともせずに出ていった。

能面のような冷たい美しさをもつ人だった。私には、はじめ切り口上のような夫人の喋り方や、いちいち日本人だから、タイ人だから、と注釈を入れるのが嫌味に聞こえたが、しかしやがて、それが当然かもしれないと思えてきた。夫は明らかにタイ人だし、いくら結婚して子供までもうけたにしても、夫人が日本人であることは絶対的な事実なのである。もし夫人に苦労があるとすれば、そこにあるのだろうと私は考えた。それが二〇年の国際結婚から彼女が得た一番正直で、かつ見逃せない答えであったかもしれないのだ。

とにかく、T夫人のインタビューは散々な失敗であった。がむしゃらに聞き出そうとしても、相手によってはT夫人の場合のように無残な失敗を見ることがある。

S夫人へは、だから前者の轍《てつ》を踏まぬように私ははじめから細心の注意を払った。

S夫人は見るからにしっかりした上州産の女傑である。まず目の輝きが違う。鋭いのである。彼女は異国の空の下でも上州名物の「かかァ天下とからっ風」の威力を有効に発揮して、人のいい夫が事業に失敗する前から、自分もガッチリと働き、現在は失職中の夫と三人の子供を、女中を使いながら立派に生活させているということである。

S夫人は結婚して一五日目に日本を発った。日本を出る時は理解のない両親や町の人の冷たい眼を逃れて、まるで「駆け落ち」同然であったという。彼女はタイのことは何も知らなかった。しかも、夫の両親の家はタイ北部のチェンマイという都市にあり、当時この地方には、日本人は八〇歳の人も含めて五〇歳以上の男性が四人いるだけだったから、S夫人はずいぶん心細い思いもしたらしい。しかし、タイ人と結婚したからには、その国の習慣に早く慣れ、一日も早くタイ人になりきるべきだと決心したS夫人は、その日から筒状にぬったタイ服をまとい、あぐらをかいて座りこんだ。

「正直なところ、私ははじめ、タイと日本ではいくらか違うだろうぐらいに考えていたのですが、現実に直面すると何から何までまったく違うので肝を潰してしまったものです」

床は地上二メートル半ぐらいにあり、お勝手といってもちゃんとした料理場があるわけでなく、その床の上で一切をやってしまうのであった。しかし、一年目には臭くて食べるのがつらかったタイ料理にもやがて慣れ、あの臭みがなくてはまずいとさえ思うようになった。そして何よりも助けになったのは、夫の両親が彼女を非常に可愛いがってくれたことであったという。長女が生まれると、彼女も一緒にタイ語を習い始めた。その長女も今はもう一二歳になる。

「じゃ、特に精神面で御苦労なさったということはございませんでしたの」

と私は尋ねてみた。するとS夫人はこんなことをいい始めたのである。

「別にそういう苦労はなかったのですが、でもたった一度、主人が浮気をした時は嫌でしたわ。でも事業が失敗したのですぐ終わりましたけど」

「やはり男はお金ができると二号さんをもつんですね」

「ええ、主人次第で本妻と二号が同居している家もあるのです」

私は驚いた。「まさか……」

「タイでは二号だからとか、二号の子だからといって、別に引け目を感じるってことはないのです。この近くにもやはり日本人を本妻にもつ方で二号さんと三人で暮らしている家がありますが、私が伺ったりすると、三人で仲よくトランプなどしているのです」

「どうしてそんな結果になったのかしら」

私には不可解なことだった。

「はじめ主人が、今日からこの人も一緒に住むよっていったのだそうです」

「鶴の一声というわけかしら」

「そういうわけでもないのでしょうが、結局、主人が働いているわけだし、二世帯にすれば不経済だからというのでしょうね」

何という勝手な話であろう。私は思わずきつい口調になった。

「それなら二つ世帯が自由にもてるまで待つべきでしょうに！」

「それが、やはり男ですから――」

S夫人はそういった。別に自分のいっていることの不合理さに気づいているふうでもない。私は自分の腹立たしさがS夫人の前では空まわりしているような一種のもどかしさを感じるのだった。現在の日本では、もう珍しいものにすらなっている、日本婦人の美徳を彼女はまだ保っているのである。男の都合のいいように躾けられた昔の女の在り方に、てきぱきした気性のS夫人が何の疑問も抱いていないらしいのに、私は驚くよりあきれてしまう思いだった。

「まあ、常識としては別居すべきでございましょうね」と彼女は私の驚きを察したとでもいうようにこういった。「私もそのタイ人にそういったのですよ。そうすると、そのタイ人は、このほうが安くつくから、とはっきりいうのです」

「そういう場合、奥さんの異議はまったく認められないのですか」

「でも主人がもつっていうのですからね」

夫の意志は絶対なのである。

こういうケースもある。ある日本女性はタイ人に伴われてタイにやってきた。式こそ挙げなかったのだが、結婚したのだとばかり思い、睦まじく暮らしていたところ、ある日、夫がタイの女性を連れてきて、「今日、僕はこの人と結婚したから」という。彼女は思わず耳を疑ったが、その日から夫は、一日置きに両方の家で生活し始めた。タイの男は愛情を数学的にはっきり割り切れるものらしい。二号になってしまった日本女性も昔と変わらぬ愛情をもって夫に仕えているのだという。

「こちらに来ている日本の女性の中でも、ずいぶん困っている方もいるらしいのですけど、自分のほうからは愚痴をいってこないので、私が人づてに聞いて訪ねなければならない始末なんです。今困っている人達は朝鮮戦争の時に日本に行った兵隊と結婚した人が多いのです」

「女のことで?」

「生活費のことでです。海外にいる時はまだ待遇もいいのですが、帰ってくると一等兵では五、六〇〇バーツぐらいしかもらえませんしね。私は月に二千バーツ生活費がかかるのですが、もっと家計を切り詰めるにしても五、六〇〇バーツではとても苦しいのです。そういうことから時々日本に帰りたいなんていってくる妻もいるんです」

「帰すようにしてあげますの?」

「いいえ、いったんタイ人と結婚したからにはタイで死ぬ覚悟をするように、といっています。つらいことは皆で話し合って助け合おうといっているのですが。帰りたいなんていっても、結局、本当に帰る人は一人もいませんね」

そうしてS夫人はこんなことをいった。

「私がこんなに何もかも洗いざらい喋るのも、これからタイ人と結婚しようとする日本の女性に、いろいろと予備知識として知ってもらいたいからなのです。それに、これはどこで結婚するにしても同じことがいえると思いますが、特にタイでは結婚して楽をしようなどと思わず、〝自分の手で一家を養える〟といえるぐらいの気持ちと力をもっていなければならぬということです。このタイでは女の生活力が実際に必要なのです。タイは女の働く国なのですから」

S夫人は、昼は大使館、夜は日本語教師、そのほか土、日曜日の休日には女学校時代に習い覚えた日本人形とフランス人形のつくり方を教えている。映画など観たことがないほど連日忙しいのだが、日曜日などに暇を見つけては子供達にドーナツをつくってあげるのがS夫人の楽しみであるという。

S夫人は録音を終えての帰り道に、私を送ってきながらポツンとこんなことをいった。「先日のことですが外交官夫人に、『あなたみたいな人が、タイ人なんかとどうして結婚したのか』といわれた時は、口惜しくて返事ができませんでした。タイ人なんかっていうけど、私の主人も立派な人間です。しかも私が一生連れ添おうと思い、こんないい人は滅多にないとすら思っているのに」

結婚一三年、彼女らは国を超越し、風俗習慣の違いを踏み越えて、ますます緊密に愛し合っているのだ。それを人がとやかくと容喙《ようかい》するいわれはないのだ。私はS夫人の最後の言葉をある感動をもって聞いたのであった。

女の幸せ——彼女の生活と彼女の言葉は、それをしみじみと考えさせるものをもっているように思ったのであった。

# 買物と日本語

私はホテルの支払いもすませ、夕食もすみ、後は夜中の飛行場行きの自動車の出迎えを待つばかりになっていた。しかし、それまでには数時間のブランクがある。私はロビーで蚊の集中攻撃を受けるのも能がないと思い、ブランクを利用してホテルあたりの夜の街を散歩することにした。夜ならばさして暑くもないし、仕事もすませたので気を楽にしてショーウインドウをのぞくことができると考えたのだ。

それに、もって帰っても仕方のない幾ばくかのバーツもある。そうだ、お人形を買おう、そう決めて私はホテルを飛び出た。私は各地の人形をコレクションしているのだ。

ホテルあたりは物価が高いとは聞いていたが、遠くに行くのもこの際考えものなので、歩ける範囲をぶらぶらしていると、もう半ば閉めかけの店に見事なタイダンスの冠があった。どうせ手の出ない値段だろうが見るだけでもと思って立ち止まると、中から中国人が出てきた。バンコクに多い華僑の一人だろう。「欲しいか」と聞くので、「要らない」といっと、「とにかく店に入れ、もっといろいろな物が安くてある」といってドアを開く。私も安くという言葉につられて店の中に入ってしまったが、欲しいものはたくさんあるが所詮《しょせん》私の財布で購《あがな》えるものはない。

「今日帰るのでもうお金がない」

私は正直にいった。するとどこへ帰るのかと聞くので「日本《ジャパン》」と答えると、彼の返事はもう英語ではなかった。

「そうか、日本人か」

はっきりした日本語なのである。

「おや、おじさん、日本語が喋れるの」

「ああ、わたしは香港にいたからね」

なぜ香港にいたから日本語が喋れるのかは知らないが、とにかく日本語で二人が喋っていると、奥から奥さんらしい人がサンダルを引っかけて怖い目つきをして出てきたが、彼が私のことを説明すると、

「ア、ソー、ニホンカラ」

と彼女の言葉も日本語になり、同時ににこやかな顔に変わった。そして、

「日本なら、これもってゆくといいよ」

と早速タイ・シルバーのコンパクトを差し出した。夫婦して私に何か買わせようという魂胆なのだ。

「私はお化粧しないの」

「じゃこれがいいな」

今度は主人が素早くシガレットケースをとり出した。巧みな日本語で商品の長所を力説する。

けれど私は、中国人の商人に日本語で話されても情にほだされないことにしている。つい、日本語を喋ってくれた嬉しさや気安さで親しみが出てしまい、山ほど物を買わされた友人を知っているが、それが彼等の商法だと解釈している私には、この戦術は通じない。

「おじさん、私、お金をそんなにもっていないのよ」

私はきつくはねつけてやる。だが、それしきで引っこむ彼等ではない。

「あんた、じゃ、いくらもってるのか」

「ネクタイピンが買える程度よ」

「それじゃ、これがいい」

このチャンスを逃がすまじと、サッとネクタイピンを出す。思ったより安くていいものであったが、私はまだ気に入らないような顔をする。虚々実々の駆け引きである。もう店を閉まうから負けて一五バーツではどうかときた。私はさらにガッチリ構え、ついに二個二五バーツまで負けさせて買った。私は内心得意になってなおも店内を見わたすと、あった。かねてから欲しかった人形が隅にあるのである。値を聞くと二五バーツだという。

「おじさん、もっとたくさん買うつもりだから負けて」

私はそういったが、私が非常に欲しがっているのを見てとると、その人形はそれしかないから駄目だ、負けないの一点ばり。この勝負は私の負けで、ついにその人形も包ませてしまう羽目になった。帰りぎわに主人は、これ日本の人にあげてください、ここはいつでも安く売る店だからといって、ＰＲのつもりなのだろう、その店の名刺を五、六枚、私に手わたすのだった。

さて、次に店内の広々としたいかにも高級な感じの店の前にくると、店内で二人の男が日本語を喋っているのが聞えた。のぞいてみると彼等は蜥蜴《とかげ》のハンドバックを大変な値段で買おうとしている。奥さんにお土産を買っているのだなと思うと、私は彼等の心根に嬉しいものを感じたので、その店に入り彼等の傍らを通り過ぎる時、小声で囁くようにいった。

「値切りなさい。高いですよ」

彼等はキョトンとして私を一瞬見たが、よく聞えなかったのかすぐハンドバックに向き直ってしまった。すると反応は意外なところに現われた。

「高くないよ」

タイ人の店員が私のほうを睨みすえて日本語でいうではないか。私は冷や汗の出る思いでその店を飛び出した。


もうそのあたりの店はどんどん閉めていたが、一軒、なんとなく庶民的な感じのする店にまだ明かりがついていた。ウインドウをのぞいていると、中から可愛い一六、七の女の子がニコニコして出てきた。

「何かお見せしましょうか、マム」

店内を見ると品のいい一五、六の少年もいて、私にそっと微笑みかける。品物もいろいろあるし、こんな子供達なら、イヤリングも時間をかけて気に入ったデザインのものを探せるかもしれない、そう思って私が店に入りかけると、女の子は嬉しそうに、

「何をお探し中ですか、マム」

と素早く私にしたがい、少年は慌てて椅子をもってきた。ゆっくりご覧くださいませというところなのだろう、奥に入ると、今度はジュースにストローをつけてもってきた。

「どうぞ、マム」

バンコクの店はすぐジュースをもってくる。以前もジュースを出されたために、何か買わなければ悪いような気になってしぶしぶ買物をしたことがある私は、しかし今日は軽い気持ちでジュースを飲んだ。なんとなくこの店で何か買うような気がしていたからである。

いつの間にか、目の前はイヤリングと腕輪でいっぱいになっていた。この店はたしかにほかより安かったが、その代わりなかなか言い値より下げない。とこうするうちに鰐《わに》革の財布まで荷に積み上げられた。その中に値も革も私の気に入った財布があった。私にこんなものはいらないが、いつも外国旅行の時にすべて手続きの世話をしてくれるワールドワイド旅行社のS氏に御礼をしたいと思っていたので、その時ふと財布をプレゼントする気になったのだ。しかし、これを買ってしまうとほかのものが何も買えなくなる。私が思いあぐんでいると、少女もついに少しずつではあるが値を下げてきた。

そんな時、さっきの二人連れの日本の男性が店の前を通りかかり、店内の私を見ると顔を見合わせて入ってきた。見ると包みを抱えている。私はニヤリと笑っていった。

「どうしました。負けさせましたか」

すると、彼等はオーともアーともつかない小さな驚きの声をあげて、

「いいえ、どうしても負けないのです」

「ここは安いですよ。それでも私はそれ以上、安くさせようと奮闘中なんですの」

「ほう」

彼等は物珍しげに私を見て、

「日本語がお上手ですね」

と妙なことをいうのである。

「まあ、私、日本人ですのよ」

私は憤慨して見せたが、なぜこんなことをいわれたかは、わかっていた。日本の女の子が一人で夜の外国の街をふらついているのも変だし、何よりも現地人と見まがうばかりの私の色の黒さが、彼等をして私を日本人だと思わせないのである。

「えっ、これは失礼いたしました。さっき、あっちの店であなたがおっしゃったことがわからなかったのです、あまり咄嗟なことだったので。そうですか。やはり日本語でしたか」

何のことはない。私のせっかくの親切は無に終わっていたのだ。

「何かもっと買うものがおありでしたら、私が値切って差し上げましょうか」

「いやあ、もう女房には高すぎるものを買っちゃったので……」

さっきはあんなに一生懸命選んでいたのに、同じ日本人の私の前では多少照れているらしい。

私がまた品物を手にとって値切ろうとすると、さっきから私達の会話をニコニコしながら聞いていた少女が、目をクリクリさせながら日本語でこういった。

「お客さん、もう負けない。これ安い」

「まあ、あなたも日本語ができるの」

「私の家、日本の人の家の近くです。私、日本のお友達好き、ベリーナイス！」

これにはすっかり嬉しくなってしまった。こんな子供が日本語を知っているということは、タイ人の日本への関心を示すものであり、今後の両国の親善の見通しも、うんと明るいというものだ。二人の男性も彼女の日本語にすっかり喜び、鰐革のバンドを出させ始めた。私は彼等の手前、値切るのが少し恥ずかしくなってきたが、まだすったもんだやっていると、男性の一人が話しかけてきた。

「こちらには長いのですか」

「いいえ」

「そうですか、ずいぶんこちらの言葉がお上手ですね」

冗談じゃない。私はタイ語はまったく知らない。

この取引に使った言葉は全部英語のつもりだったのに！

そのうち彼等は鰐革のバンドをさっさと言い値で買ってしまい、タイ人形も買った。そして、船の時間があるからと急いで帰ってしまった。

私は、ともかく有り金全部をはたいて、財布とカフリンクス（注：カフスボタン）とタイピンをねばりにねばって獲得した。この買物には時間潰しという意味もあったので一石二鳥だったわけである。

「さあ、これで一文無しになった」

私は少女に自分の財布を見せて笑った。

「サンキュー、マム」

彼女はニッコリ笑っていった。

「サヨナラ、また来てください」

ところがそれで終わりではなかった。店を出ようとしてふと見ると、さっき見なかった側のショーウインドウにしぶい腕輪が飾ってある。少女の見事な商売ぶりはそこから始まった。私の目を見ると、

「お好きですか、マム」

といって、ウインドウから出してくれるのである。今となっては購買力皆無の私を知っているのに、手にとってみろというのだ。こんなことがやはりすれていない子供なんだな、とその時は思い、私はその腕輪をとってお世辞のつもりで、

「素敵だな、欲しいわ」

というと、彼女はすかさずこういったのだ。

「私達はエンでもお売りしておりますが、マム」

「エン？　日本のお金の円？」

「イエス、マム」

少女は相変わらずニコニコしている。途端に私は気がついた。日本では私はよく一文無しになっているのも気づかずに外出してしまうので、不意の場合のために千円札を一枚運転免許証の中に入れておく習慣があるのだ。急いで見てみると、やはりあった。それを見て少女は目を輝かしてうなずいている。

私は頭の中で、急いで腕輪の値を円で計算した。すると、千円はちょっと越えているが、それを値切って、腕輪に合うイヤリングがあったら合わせて千円で買ってもいい、という結論に達した。

「これに合うイヤリングないかしら」

「はい、ただ今」

少女は、私が千円しかもっていず、腕輪だけでも足りないことはわかっているだろうのに、嫌な顔もせずに店内に飛びこんでイヤリングを探し出してきた。

「これとこれで千円ＯＫ？」

私はずうずうしくいってのけた。買っても買わなくてもいいようなものだったからだ。

「オー、ノウ、マム、腕輪だけならよろしゅうございます」

「セットでなければいらないわ。千円しかないのよ」

「オー、マム、もう少し出してください」

私はもう一度財布を出してみせた。

「ねェ、ないでしょう」

私はハンドバックまで浚《さら》ってみせた。するとチャラチャラと音がするので出してみると一円玉が四個出てきた。

「ほら、後はこれだけよ」

少女はまだニコニコしている。しかしイエスとはいわない。私はもう絶対ないのだということを示すために、もう一度財布を広げ、今度はたくさんの名刺まで引っぱり出してみせると、あら不思議、そこにクシャクシャの百円札が一枚出てきた。いつから入っていたのか知らないが、こんなお札で東京で買物でもすると、店員がふくれ面するに決まっているような大変な代物なのである。少女はいっそうニコニコした。

「千百円、これがすべてよ」

「イエス、マム」

少女は大きなソロバンをもち出して、その時ばかりは真剣な顔つきをして、しばらくパチンパチンとやっていたが、

「よろしゅうございます、マム」

といった。売買は成立したのである。私は千百円を渡した。すると少女は、

「マム、さっきの四円はどこでしょうか」

というのであった。私はその四円はハンドバックに入れてしまっていた。

「ごめんなさい、これもいるのだったの」

「イエス、マム」

彼女ははっきりと答えた。

私はその時、奇妙な喜びを感じたものだ。日本ならこの四円がバラバラと道に落ちたってそれを拾う人は少ないであろう。その四円を拾う時間のほうが価値があるとでもいうように、さっさと行ってしまうであろう。私もそうするかもしれない。しかし今、私は外国に来てその一円玉まで請求されたことが妙に嬉しかった。日本という国を大きな鳥にたとえ、その強靱な翼が、私という小鳥をかばってくれたような気がしたのである。無論私は気持ちよくその最後のお金を差し出した。

その夜、遅延した飛行機を私は飛行場で待っていた。コーヒー一杯飲むお金もないのである。その上、二本の手では足りないぐらいの蚊の襲撃にすっかり頭にきた私は、自分の両足を力まかせに引っぱたきながら、口惜しまぎれに呟いた。

「ウーム、すっかりしてやられたわい。まったく追い剥ぎ同然じゃないか。子供子供と侮ったのがこっちの不覚、なんというざまだ」

「イエス、マム」

その時、少女の可愛い声が、鮮やかに聞こえるように私は思った。

# Ⅳ　フィリピン

# 対日感情

東洋の島国といえば、すぐ日本とフィリピンを連想するほどだが、フィリピンにはいくつ島があるかと聞かれても、見当さえつかない人が多いのではなかろうか。驚くなかれ、そこには一マイル（注：一・六キロ）四方より大きな島が四六二、主な島が一一、その他全部をひっくるめると何と七〇一九島も存在するのである。

フィリピンという名の由来はこの島が発見された頃のスペインの皇太子フェリペ（後のフェリペ二世）の名から出ている。首府はマニラと思っている人も多いだろうが、実はマニラの隣のケソン市なのである（注：現在の首都はマニラ）。ケソン市は人口一一万の小さな都会だが、一九四八年以来行政的に首府と定められている。とはいえ無論フィリピン最大の都はマニラなのである（注：現在はケソンが最大の都市）。

マニラはルソン島の中部の海岸平野に位置し、マニラ湾に臨むフィリピン商業の中心で最重要な港であり、また工業都市でもある。人口一二〇万、フィリピン全島の約一割を占め、市街には近代的活気が横溢《おういつ》している。けれど、第二次大戦によってマニラほど重大な損害を受けた都市はないといわれるほど物質的精神的な惨禍をこうむったのである。武力によって攻略され、武力によって解放されたのだから、たまったものではなかったろう。

デューイ大通りやマニラ銀座ともいうべきエスコルタなどの繁華街には、今や近代的ビルも数多く見られるが、まだまだ崩れ落ちたままのビルや教会があちこちに散見され戦禍の痛手をなまなましくさらしている。

「日本ばかりが壊したのではありませんよ。アメリカもですよ」

私を案内してくれた人はそういってくれたが、フィリピン人の胸の底には他国同士の闘争にかくも荒らされたことへのやる方なき憤懣《ふんまん》がいまだ消えやらずに残っているに違いない。日本軍がフィリピン人におかした罪は私達の忘れることの許されないことの一つであろう。

フィリピンは一九四六年にはじめて独立した。それまでは他の東南アジア諸国と同じく被征服民族としての苦難の道をたどってきたのである。

一五二一年、マゼランを隊長とするスペイン船が乗組員の病気に悩まされながらやっとフィリピンに上陸した。それが西欧人がフィリピンに足を踏み入れた最初の第一歩であった（マゼランはその後ラプ＝ラプという酋長に殺されたが、今度石川島重工（注：現ＩＨＩ）で建造した大統領のヨットの名はラプラプ号で、その人の名をとったといわれる。ラプラプはまた、フィリピンで珍重される魚の名でもある）。

当時の西欧は、アジアについて非常に無知で、自分達の行かないところはすべて未開発と信じ、フィリピンを得た後も、ここを基地として、この辺の土地を探検するつもりであった。ちょうどその頃、中国人が貴重品を多くのジャンク（注：中国独特の帆掛け船）に乗せ、もち運んでいるのを見て、中国を征伏しようと、一五七三年、スペイン人の隊長が「中国を征服するから八〇人の兵隊を送るように」とスペイン王に要求した記録が残っている。

しかし、その二年後、中国に対する知識も多少深まると、今度は四千から六千の兵を要求し、さらに一五九六年には中国の大きさに気づき、一万から一万二千のスペイン兵と五千から六千のフィリピン兵、そして五千から六千の日本兵を必要とする旨を王に書き送っているのだ。当時、マニラの日本人町の人口は千人ばかり、呂宋助左衛門《るそんすけざえもん》などがいろいろな宝物を日本にもち帰っていた秀吉時代であったが、日本人の勇敢さをスペイン人も見て知っていたのであろう。

秀吉は秀吉で、やはりフィリピン太守に書を送って服従をうながしていた頃である。

そのうち中国人がフィリピンに住みつきはじめ、その人口も増えると軋轢《あつれき》が生まれ、スペイン人は一六〇三年から一六六二年にかけて大量の中国人殺害を行なったりした。その後約三七八年間フィリピンはスペインの植民地となっていたのである。そして米西戦争の結果、パリ条約によってアメリカの領土となり、一九四六年七月四日に独立国としてのう ぶ声をあげるまで、フィリピンは諸外国の支配下に置かれる運命にしたがってきたのだった。

これから見てもわかるように、フィリピンの住民の構成は非常に複雑で、住民のほとんどが混血である。特に中国人との混血が多く、メスティソと呼ばれるこの人達は、現住社会的にも比較的いい地位を占めている。

在留外人は、中国人が最多で約一四万、アメリカ一万、スペイン二千ぐらいだという。

私はフィリピンの歴史を見、そして現在発展途上にあることをまのあたりにした時、フィリピンが「現在」の自由をいかに尊いものに思っているかが痛切にわかるように思えるのだった。彼等はやっと長い間の被征服民族としての運命から脱皮し、自分の力でぐんぐんのし上がろうとしている。

この時を逃してはならないと私は考えるのだ。この時を逃さず、積極的に対日感情をやわらげるべく働きかけ、隣国としてお互いの力を貸し合うべきではなかろうか、と。さいわい私の見たところでは、対日感情は非常に好転していた。これは湯川大使夫妻、並びに大使館員の並々ならぬ努力のたまものだろうが、しかしフィリピンの中で、肉身親戚が日本軍に被害を受けていない人は一人もいないというほどの惨状なのであるから、悪感情に戻り得る可能性は無限にあるのである。たとえ、両国の友好関係は平和裡に保たれても、彼等フィリピン人が日本のかつての暴力を忘れているのでないことは、私達は肝に銘ずべきであろう。

私が滞比中、ホテルからまわされた車で外務省に行った時、運転手が淋しそうに私にもらしたのは、当時六五歳の父と兄が何の理由もなくいきなり二人の日本兵に踏みこまれ、木につるされて母と彼の目の前で殺されたということだった。私が日本人とわかったので急にそのことを思い出したのであろう。私が"I am sorry."というと、彼はじっと外を見ながら"So am I."と呟いた。

しかし、あれやこれや考え合わせてみても、フィリピン人の日本人に対する感情は聞いいたよりも、思ったよりもよかったことは事実だった。だいたいがアジア人種には珍しいくらい米国人的気質だから、感情を率直に現わすのかもしれない。税関にしろ、ホテルにしろ、レストランのボーイにしろ、私を日本人と知ってガラリと態度が悪化したようなことはただの一度もなかったばかりか、かえって親しげな微笑をもって接してくるのだった。

私がこういうと、わが国ではすぐ「女だからですよ」といわれるが、たとえばホテルの交換台の女の子が、朝、私を起こしてくれる時、日本語で「カネタカサーン、オハヨーゴザイマス」と明るくいい、私が電話を頼むと、「ハイカシコマリマシタネ」とほがらかに応待してくれるのは、私が女であるという、そればかりが理由ではなかったと思われるのである。

もっとも、私も最初、東京で仕事に関係したことでフィリピン大使に面会した時、話が終わると気さくな大使は自らビザの心配をしてくれたが、ちょっと大使が座を離れた時、秘書の女性がサッと私のところにやってきて、「ビザの用事ではないといっておいて、やはりそうだったじゃないか」と目をつり上げ圧し殺したような声で怒鳴りつけられたことはあった。その時ばかりは、フィリピン人はやはり相当に日本人に対して悪感情をもっているると思わないでもなかったが、しかしその他の大使館員は男女ともに大変に好意的な態度であったのだ。

たまたま、くだんの女性が私が会った最初のフィリピン女性であっただけに、フィリピンに来た当初は私も、多少女性には警戒心をもっていなかったわけではなかったが、滞比中に会った数々の女性は実に感じがよく、その後も手紙のやりとりをしている日本名「愛子」のトリニダット嬢なんかは、私に会うなり日本に行きたいといい、大柄なためできあいの草履がなく、せっかく買い集めた着物が着れずにいるとこぼす、大の日本ファンだった。

――今や、マニラまで約八時間で行くこともできるのである。東京を朝一〇時に発てば六時に着く（もっとも時差が一時間あるのでマニラ時間では五時であるが）。二、三年のうちにはここにもジェット機が入り、早い昼食をとって出発すれば、お三時（注：おやつの時間）には間に合うようになるのである。私が対日感情の好悪を心配するのも、そのようにごくお隣の国のことであるからだ。――私はサンチャゴ城塞にある高山右近（一六一四年追放されたキリシタン大名）も訪れた教会で、そんなことを考えたのであった。

# 街の風物詩

食道楽といえば少しは聞こえもいいが、その実食いしんぼうの私は、旅行先にゆくとすぐ「ここで美味しいものって何かしら」と聞くことにしている。もっとも聞かれたほうこそいい迷惑だったに違いない。いやでも私をどこかに案内しなければならないのだから。

フィリピンでの受難者はトリニダット愛子さんだった。

トランジットビザでは七二時間しか滞在できないこの国では、一分たりとも無駄にはできなかった。愛子さんもそこはよく承知していて、私達は早速「ブカケーニャ・ファミリー・ランデブー」に夕食をとりに出かけることになった。

洋服はなるべく夜の服をといわれたので、私は日本を出発する間際にできてきた、まだ一度も着ていないカクテルドレスを着ることにした。こういうこともあろうと思ってオーダーしておいたのである。ところがいざ着てみると全然似合わない。こんなのを着て出かけるくらいなら、出かけないほうがまだましだと私はヒステリー気味になり、いったんは脱いでしまったのだが、それでもと考え直し、悲痛な気持ちでそれを着て出かけたのであった。

しかし、そのレストランに着いてからは、短気を起こしてアッパッパーを着てこなくてよかったとつくづく思ったものであった。続々と集まる淑女達はいずれもイブニングガウン（注：イブニングドレス）姿で、そのきらびやかな雰囲気はケチなファッションショーの比ではない。男は、白ディナージャケット（注：タキシード）、またはフィリピン産の生地ピーニャ（パイナップルの繊維からつくる）か、ジュスイ（ジスイの葉からとる繊維）でつくったバロン・タガログという薄い長袖のアロハシャツのようなもの（注：フィリピンの正装）に、黒のタキシードのズボンをはいている。これはこの国に合った涼しげな服装であって、他の国のように、どんなに暑かろうがネクタイやコートを無理に着ようとするのとは違って、大変合理的なものであった。しかし女の人は堂々と胸をはって歩き、男の人は外少つまらなそうに、夫人達の横から後ろについていたのは、いかにもアメリカ的だというべきであろうか。

ここで私達は、去年のミス・マニラの美しい曲線美を眺め、彼女の歌うダヒル・サヨ（注：フィリピンの民謡）を聞きながら、フィリピン料理のアドボを食べたのである。

アドボはフィリピンの代表的料理だということだ。

鶏、豚のぶつ切りを、少量の水と酢とにんにくで煮こんだもので、レストランなんかで食べるより家庭料理のような味わいをもっている。愛子さんは、日本人はにんにく嫌いでしょうと心配そうに尋ねたが、私が平気な顔をして味わっているので気をよくしたらしい。「ウワー、あなたはまるでフィリピン人みたいだ」と大喜びである。

実際この料理は、はじめての人にもそんなにとっつきにくいものではない。私は滞比中、夜、昼いろいろなレストランでアドボを食べてみたが、店によって多少味が違うものの、これを食べつけると下手なアメリカ料理などは食べる気がしないほどである。

しかし、私がいろいろ食べてみたフィリピン料理の中で、ついにたった一つ、私が口にもっていけなかったものがあった。それは、フィリピン人にはわれわれのお寿司かお蕎麦にあたるバロットである。

バロットは、もう孵《かえ》らんばかりになっているあひるの卵をゆでてあるものだ。

マニラの夜にはあちこちで「バロット！」と叫ぶ売り声が聞こえてきて、マニラの特徴の一つとなっている。私はバロット売りのおばさんから、ある日二個買ってホテルにもち帰ってみた。早速ポンポンと皮を破ると、汁がザッと出てきたのでわけがわからなくなり、それを右手にもったままルームボーイを呼んだ。食べ方を聞いてみようと思ったのだ。

ボーイは早速やってきたが、私の右手をチラッと見ると、用件がわかったような顔になり、

「オー、ビールをおもちするのですね」

というのである。

「いいえ、どうして？　私は今バロットを買ってきたのだけど、どうやって食べるのか聞こうと思ってあなたを呼んだのよ」

「オー、マダム、これはそのまま食べるのです。ジュースも美味しいのです」

「このままって、からごと？」

「いいえ、むいたままです」

ところが、そのからをむいてみて私は驚いた。ヒヨコの顔、血管、そして羽まで見えるのだ。まさに孵る直前をボイルしたものらしい。私は瞬間、食人種が人間をボイルして食べる図を想像した。私はひどく狼狽して、こんなもの食べられやしないと思ったが、表面は少しも騒がず、冷静を装ってボーイにいった。

「やはり食べ方がわからないわ。もしお好きなら、あなた、ちょっと食べてみてくださらない」

「オー、イエス、マダム。私の大好物なんですよ」

と彼はいいながら私からバロットを受けとりパクリと口の中に放りこんでしまった。

「美味しかった?」

と私がおずおず確かめると、

「イエス、でもそれはビールと一緒に食べるともっと美味しいのです」

「じゃ、ビールとりましょうか」

もう私にはバロットを食べる気はなかった。ビールと一緒に彼に食べさせちゃおうと思ったのだ。私は遠慮する彼に気前よく(?)いったものだ。

「それじゃ、これもあげるから、後でビールと一緒にお食べなさい」

さて、そのほかの料理ならフィリピンにも多種多様のものがある。スペイン料理、中国料理はもちろん、アメリカ、ヨーロッパ、インドネシア各国の料理店が、店を並べている。それにホテルフィィリッピナスの並びには、「熱海」という日本料理店もあるのである。

「熱海」の主人は、もと日本婦人で、戦前フィリピン人と結婚して子供を一人もうけ、日本にいれば混血の娘が迫害されるだろうと、子供ゆえにこの未知の国に渡ってきた人だという。夫は戦争中にフィリピン人に殺されてしまい、今はマニラ大学を卒業した娘と二人きりだが、その娘も親戚の家に住まわせ、自分は三四人もの人を使って切りまわしているそうである。

　店に入ると左手に寿司台があり、およそ仏頂面で感じの悪い板前がいて、その前で客が三人、とっくりを傾けながら日本語で喋っていた。わざわざフィリピンまで来て寿司もないものだと思ったが、寿司通をもって任ずる私は、ものは試しと台の前に座った。「トロ」といっても、しかし板前は返事もしない。そして二、三回いうと、やっと板前はのろのろと握り、たった一個を皿に入れて出してくれた。「イカ」とまた何回かいって、つまりお願いをして、やっとお皿に一個のせてもらうのだ。しかし味は予期以上によかった。

　けれど私もそのうちお願いするのも面倒になったので、お勘定を頼むと、何と三ペソというのである。これには驚いた。一ペソは一八〇円であるから一個が七五円にあたることになる。私は五四〇円払わされてしまった。マニラの物価はだいたい東京の二倍とみなされているが、それにしても高いと私は不満だった。東京の行きつけの寿司屋なら、その半値でたらふく食べられる勘定になるのだ。寿司狂の私は常々、安くて美味しいところは私に聞いてくれと豪語しているだけに、なんだか江戸の仇をマニラでとられたような釈然としない思いだった。

　ともあれ、寿司はともかくとして「熱海」の店内は岐阜提燈があちこちにぶらさがり、ぐっと衿《えり》を抜いた浴衣姿のお姐さん達が満員の客の間を忙しげに働いている風景には、懐かしいものが感じられた。客の中には外人もおり、日本人の話の様子からすると、連日日参していているような人も多いらしい。

そんなことを観察していると、隣の人が話しかけてきた。彼が内地の事情にひどく詳しいので感心してみせると、彼は苦笑していった。

「ここにいると日本の週刊誌をあますところなく読んでは、また開き、開いては読むといったありさまですから……」

彼はフィリピンに商用で来てまだ六カ月目というが、日本に帰りたくてしょうがないらしく、自分の名刺に自宅の電話番号と奥様の名を書いて私に渡し、

「東京に帰ったら女房に電話して、僕が元気でいることを伝えてください」

とはよき亭主ぶりであった。可愛い亭主には旅をさせろというべきか。

「熱海」にはよく気をつけてみると、そういう在比日本人の、日本への郷愁がムンムン感じられるのであった。

郷愁の匂いといえば、それは「熱海」だけではなかった。各国人によって構成されている国柄のせいか、それぞれのお国自慢を売りものにしている店に行くと、その国の体臭が強烈に感じられるように思われるのであった。遠い異国に来ている人の、生国への郷愁がそうさせたのかもしれない。

スペイン系のレストランでは、ギターとマラカスだけの五人ぐらいのバンドを置いて、テーブルのまわりで悩ましい唄などを歌ってくれるようになっている。店内はひどく暗くて、歌手達のシルエットしか見えない時もあり、思い思いの格好で楽器を弾いている楽士達の黒い影は実にエキゾチックで妖しいまでの美しさがあった。ちょうど私の滞比中は、イストリア・デ・ウナ・アモールという悩ましい唄が流行していて、どの店でもその唄がリクエストされていたが、「私の恋のお話」とでも訳すこの唄を、目をうっとりさせて聞いている人々の光景は、しかしともすればひどくもの淋しげに見えることがあった。

スペインにまず征服され、長い変転の末アメリカによって解放されたフィリピンは、そのせいばかりでもあるまいが、この両国の影響が街を歩いていても非常に感じられる。ひと口にいって、夜がスペイン的といえば、昼は多分にアメリカ的なのである。たとえばジープニー、これが街を疾走しているのを見ると、アメリカ的な色彩に街中がぬりたくられているように思えてしまうのだ。ジープニーとは、アメリカのジープを改造した八人から一〇人乗りの小型簡易バス（？）だが、いかにもすばしっこそうなこの車が色とりどりにぬりたくられた車体を強い日差しを反射しながら走っているのを見ると、南国に来ていることをしみじみと感じさせるから不思議である。ジープニーは決まった経路を走っていて、そのコースの上ならどこにでも停まって乗り降りさせてくれる。降りる時は乗客は後部からヒョイと飛び降りるのである。そして、車内が空いていると、運転手が大声で客引きをやっている光景はのどかな情趣さえ感じさせることがある。それらの車には「リトル・ジョー」だとか、「キス・ミー」などというアメリカ的なペットネームがつけられているのだ。

神風タクシー並みに疾走するジープニーに、肥った中年の男が、

「ヘイ、キス・ミー！」

などと呼んでいる図は思うだけで楽しくなってくる。

そして、それとまったく対照的なのは、昔ながらの乗り物カレッサだ。可愛いポニーに引かせる馬車で、鈴をチリンチリン鳴らしながらデューイ大通りをカッポカッポと歩いているのは、それだけで一つの風物詩になっている。

マニラの主要路の一つであるデューイ大通りは、マニラ港に面している立派な道路であるが、フィリピンの文化がいかにアメリカとスペインの影響を受けているかが如実にわかる道路でもある。片側には一流ホテル、レストラン、大邸宅が居並び、日本大使館もこの通りにあるが、まるで建築文化で両国がその妍《けん》を競っているようにも見えるのである。

日本大使館はスパニッシュふうのすばらしい邸宅で、天井が高く隅々までが非常に凝っ

ており、黄昏時などここにいると、きらびやかに着飾ったスペイン婦人がさわさわと音をたてながら裾を引いて、磨きぬかれた床の上を歩く姿などが見えるようにも思われるほどだ。

けれど、こんな大邸宅の居並ぶデューイ大通りも、片方ではまったく対照的に赤銅色の漁師が道に座りこんで網をつくろっており、この通りをものの三〇分も走るとフィリピン特有の涼しげなニッパハウス（注：ニッパヤシの葉を屋根にした家）が見られるようになるのである。

# 闘鶏

観光船が着いた日、タガイタイ山（注：マニラ近郊の避暑地タガイタイの町にある山）上のホテルで民族舞踊や闘鶏があることを耳にした私は、たまたま東京から来ていた友人もそれを見に行くというので、彼の車に便乗することにした。

マンゴやパパイヤの林が両側に連なるすばらしい道を、私達は目のまわるような速さで飛ばしていた。

途中、白い服を着た男が鶏を抱いている姿が目に入った。

「あれは、闘鶏のニワトリですよ」

と私達の車に同乗していたガイドが説明してくれる。そして彼女はその美しい目をきらきら輝かせて、いかに男達が彼等の鶏を可愛いがるかを語ってくれるのだった。

「あの人達は、トリを可愛いがるというより、愛しちゃうといったほうがいいくらい夢中になっています。あんなトリを何百ドルも出して買う人だっているんです。そのくせ奥さんがドレス一着買うにもブツブツいうんです。彼等がトリを大切にすることといったら一秒でも惜しいというふうで、トリをあかず眺めては、なでたりさわったりしているのです。奥さんが何かいっても返事もしなければ振り返りもしないぐらいです。ニワトリを選ぶか奥さんを選ぶかという時でも、ほれ、あの格好でじっとトリを抱いて奥さんが家を出てゆくのを黙って見ているくらい。ほんとクレイジーです」

ガイドが指さすほうを見ると、一人の男が首をかしげ、まるで胸に抱いた鶏の話に聞き入っているとでもいったふうな格好で歩いていた。

途中、あちこちの寄道をしながら、タガイタイに着いたのはお昼頃であった。観光団の一部はもう着いていて、庭から眼下に見えるタール湖をケープをまといながら眺めている。やがて、私達が民族舞踊に見とれながら食事をしていると、ガイドがもう庭で闘鶏が始まっていると知らせてくれたので、私はカメラと録音機をかついで飛び出した。行ってみると広い芝生の上で二羽のオンドリが羽を逆立てて怒りの形相ものすごく睨み合っていた。一羽がサッと跳び上がると他の一羽も跳び上がる。まるで宮本武蔵と佐々木小次郎だと私は思った。一羽はがっしりと見るからに強そうで、一羽はスマートで敏捷《びんしょう》そうである。お互いに跳び上がる時は相手の首をひねり潰そうとするように、足の指をパッと広げてつかみかかる……。

と、小次郎のほうが武蔵のスキをとらえてパッと跳び上がった。その一撃で勝負があったのであろう、武蔵はしばらくカッと目を見開いていたが、崩れるようにガックリと傾いた。見ると首の根から血がたらたらと流れ出てきた。審判はすぐ負けたトリを抱き上げて私達にその傷を見せてくれたが、首根から足の付根にかけて深々と割られている。そのトリはがっくりして、いかにも力尽きたというように静かに目をつぶっている様子は哀れだったが、傷を見る人達の「オー……」という歓声に時々重たげなまぶたをひろげる姿はなんとも痛ましく、私はたまらなくなってしまった。

「手当てをしないのですか」

私は傍らの人に聞いてみた。

「いいえ、もう駄目です」

「あのトリはもう死んじゃいますの?」

「ええ、殺します。もう使えませんからね」

なんという無情なことであろう。私はこの国がカソリックの国であるだけに、この無情な仕打ちをどのように解釈してよいかわからなかった。

審判は鶏の足に結びつけてある長さ一〇センチばかりの小刀の鞘《さや》をとって見せてくれた。

鶏は素手で闘ったのではなかったのである。鋭利な刃物を、罪も恨みもないトリにつけて、喧嘩させたのだ。私はトリのぐったりした姿を見ているうちに、こういうことに喜びエキサイトする人間というものを、ふとひどく淋しいものに感じた。フィリピン人が闘鶏に夢中になるのは、闘牛を国技とするスペイン人の血が混じっているからであろうかなどとも私は考えてみた。

傷ついたトリはやがて殺される自分の運命を知ってか知らずか、審判の腕の中で最後のひと時を送っている。たどり着くべきところにたどり着いたというように、すべてを頼りきった風情でまぶたを閉じていた。

この悲劇がまだ終りきらないうちに、背後でもう次の闘鶏が始まっていた。私があまりに悲痛な顔をしていたのであろう。私の傍らで傷ついたトリを見ていたアメリカの婦人が、「もう結構ですのにねぇ」と私に同意を求めるように、話しかけるともなく呟くと、すぐ傍らにいた審判が「あの二羽はデモンストレーションだけです。小刀はつけていません」と笑いながら弁解した。「あのトリも私のです」と彼は得意そうである。彼の腕の中にいる瀕死のトリも彼のものだったのだ。彼は自分の息子らしい一〇歳ぐらいの子を呼ぶと瀕死のトリを渡し、タガログ話で何かいうと、子供はトリを無造作にぶらさげて走っていった。

私は新しく闘っている二羽を注意深く観察してみた。小刀をつけていようといまいと、トリの闘志は変わらないようであった。むしろ相手が早く傷つかないだけに、戦いはかえって凄惨なものになっている。人々は息を詰めて見守っていた。

と意外なことが起ったのである。

一羽が急に敵に後ろを見せてスコタラ逃げ出したのだ。審判は慌てて追っかけて、捕まえるとまた芝生の真中で相手に面を向かわせるのだが、一度逃げ足を見せたトリは、お義理に羽を逆立ててみるものの、もうどうやって逃げ出せるかと、その考えでいっぱいらしい。審判が何回となく連れ戻すのだが、結局は観客を笑わせるだけであった。

その時、その光景を見ていた四〇歳ぐらいのアメリカの男がこう呟いているのが私の耳に入った。

「あれは、きっと夫婦に違いない」

そういわれてみれば、自分よりはるかに大きいオンドリを羽を逆立てて追いまくっているのはメンドリだったのである。

私は不意に笑いがこみ上げてきた。隣のアメリカ人も私を見て笑い出した。すると彼の妻らしい、彼よりも大柄な婦人が、何がおかしいというような顔つきで夫と私とを見較べ、ついに夫を追い立てるようにして行ってしまったのだ。

私はとうとう涙が出てきた。

# V マカオ

# 静寂な賭博の国・マカオ

マカオは地図で見ると珠江《しゅこう》を挟んで香港の対面にある半島で、人口二〇万足らずの小さなポルトガル植民地である（注：一九九九年に中国へ返還）。別名を「東洋における古きヨーロッパ」というそうであるが、それもかくやと思われるほど、古いお酒のもつ味のような渾然とした不思議な魅力をもつ街である。

私はマカオに行くとなった時、思わず自分の財布の中身を調べ直したものであった。マカオが東洋のモンテカルロとか悪徳の街とか呼ばれており、香港では許されていない賭博場が公認されていて、多くの観光客の懐をねらっているという噂を聞いていたからである。お転婆の私はいつ賭博に夢中にならぬともかぎらない。私はマカオをロサンゼルス滞在中に行ったことのあるラスベガスのような派手な街だとばかり思っていたのであった。

ところがラスベガスはおろか、騒音の街、香港を通ってきた私には、まったく信じられないくらい静かな、死の街という印象を受けたのであった。

私が宿をとった古いヨーロッパふうのベラヴィスタホテルも、だだっ広くて天井の高い、それこそ昔は栄えていたが今はもう時代にとり残されて亡びるのを待つばかり、というような底冷えのするホテルであり、話をする時さえひそひそ声でなければ、その場の雰囲気に合わないような気がするのであった。

昔の西欧映画に出てくるような古色蒼然としたベランダに出ると、漁から戻ってくるジャンクが帆をはって一隻また一隻と、夕暮れの茶色の海面をすべるようにして走ってくる。私は思わず耳をすまし、風の音を聞こうとした。しかし木の梢がかすかに揺れるものの葉のすれ合う音もない。目前に広がる全景がそのまま巨大な静物画のように微動だにせず、落葉一つなく死の不動の世界を乱さないのである。美しい花は咲き乱れていたが、どことなく淋しい翳《かげ》をおび、不思議に鳥の声一つ聞こえない。私は一瞬、自分が何百年か昔の世界に連れてこられたのかとさえ思った。

やがて、ボーイのトントンと間を置いたあたりをはばかるようなノックに、この静寂はようやく破られた。

しかし、それから夜の街に出かけていった時も、私はまだ騒々しいくらいに賑やかな夜景を期待しながら、ポルトガル・イン・レストランに入ったのだが、私の期待はあえなくすかされてしまったのだ。そこのマネージャーは非常に慇懃で、お客も初老の人ばかり。食堂で聞こえるものは、ナイフなどがしのびやかにふれ合うかすかな音だけなのである。時々、ボソボソと聞こえる話し声の合間には、別室で燃やしているペチカの音が聞こえてくるのだった。私もしたがってひっそりと食事をしたものだ。パン嫌いの私は、そこではじめて美味しいと思いながらパンを食べた。ポルトガル系のレストランなので「ブレッド」と呼ばずに「パン」というものも嬉しいかぎりだ。

レストランからの帰りに、私はこのラテン系の街にふさわしい美しさをもった女性に出会った。見知らぬ私にニッと笑いかけてきたのをきっかけに、私達は話を始めることになったが、世間は狭いもので彼女は東京の聖心出身だということがわかった。英語を喋れる人の少ないマカオで、彼女は英語旅行者のガイドをしているという。私達は軽井沢を偲び、彼女は同級だったという山下汽船の社長令嬢を懐かしげに語った。

私は彼女に教えられて、マカオでは賑やかなところだというリビエラホテルのボール・ルームに行ってみたが、やはり、だだっ広いホールには一組のカップルが踊っているだけで、フィリピン人バンドの奏でるワルツが味気なく反響しているだけだった。私は白髪の老夫妻が静かに踊り出したのを見ながら、この東洋のモンテカルロといわれるゆえんの賭博場に行ってみることに決めた。マカオはそれ以上に見るものはないのだと悟ったからである。

　美しい並木がならんでいる海岸沿いのプロムナードを、古いヨーロッパにふさわしい骨董品のような自動車で走らせ、いわゆるダウンタウンのセントラルホテルにやってきたのは、もうそろそろ一〇時になる頃であった。


　私は胸を躍らせながら一〇階の賭博場にのりこんだのだが、しかしここでも期待は裏切られ、場内は閑散としており、人影もまばらなのである。いきおいこんで入ったため、私は一勝負しなければ格好のつかない羽目になり、やむなく「大小」と書いてあるテーブルの前に立った。

“You try?”

　眠そうな中国服の女が私をうながす。私は黙ってお金を出した。

　卓の上には三から一八までの番号が記されている。三から九までの側には小、一〇から一八までの側には大と書いてあり、三個の骰子《さいころ》を振り、出た目を足した数によって勝負を決めるのである。一こまずつ記されてある番号にはれば、儲けも大きい。反対に総合的に九以下の番号全部、つまり小にかけると確率はいいが賭け金は倍になるだけだ。赤黒を大小に変え、数字を半分にした中国のルーレットとでも思えばいいわけである。

それにしてもラスベガスに比べると何と静かな賭博場であろう、と私は思った。私は一〇回ほど大に賭け、しこたまもうけてしまった。あまりもうかると面白さは減るものである。私は次の卓に移った。

そのテーブル台はグリーンのラシャを敷いてあるビリヤード台のようなものであった。ここでも中国服の女があくびを噛み殺しながら、ヘイともハイともつかない変なかけ声を出していた。女は五〇センチぐらいの細い棒をもってテーブルの上に積み重なっている碁石のようなものを半分にわけた。テーブルには一から四まで四つの番号が書いてあるだけで、棒は碁石の山のうちから四つずつとり除いていく。最後に三個残った。すると二の番号に紙幣を置いていた男は立ち上がって行ってしまった。要するに、残る碁石の数を予想して、テーブルに書いてある番号のどれかに賭ければいいのである。私は立ち上がって行ってしまった男の席に座り、二に賭けた。女がまた「ヘーイ」と鼻にかかった奇妙なかけ声をかけて、全部の碁石をカップの中におさめ、できたひと山の碁石からさっきと同じように四個ずつとり始める。私はまた勝ったのである。

「ついているな」

私は日本語で低く呟くと、ひとつ大きくはってみる気になった。二回目も勝った。三回目と四回目は負けた。そして五回目も勝ったが六回目には――私がもってきていた三〇ドルは綺麗になくなってしまったのである。

私はがっかりして、トボトボと六階まで降りてくるとダンスホールに行き当たった。このセントラルホテルは各階にいろいろなものがあるのだ。ジンタに誘われて中をのぞくと、ここもまた閑散としていて広いホールの片隅に白人が点々とテーブルを囲んでいるのが見えた。

私はボーイに、英語のできるダンサーを呼ぶようにいい、出口に近いテーブルに席をとった。しばらくして、けげんな顔をして来た中国服のダンサーに私はいった。

「何かマカオのお話をしてくれませんか」

するとダンサーは自分はケントーンから来たので、マカオのことはあまり知らないから、誰か他の人を呼びましょうと立ち上がろうとした。しかし、ケントーンと聞こえたのが、カントン（広東）のことであるとわかると私は彼女を呼びとめた。

「ちょっと待って、あなたは広東からいつ来たの？」

「まだ半年にもなりません」

彼女は家出娘なのだろう、とふと思った私は、彼女に話を聞いて、中国の女性の生態の一端をさぐってみようと思いついた。

「じゃ、ここに座っていてください。いったい、あなたは広東からどうしてここに来られたの？　自由に出入りできるの？」

「いいえ、広東での生活が嫌で嫌でたまらなくなったから、香港にいる人と結婚すると嘘をついて出てきたのです。これだけが出国許可になる手段ですの」

「でもあなたは今、結婚もせずにマカオにいて大丈夫なの？」

「見つかれば帰されるでしょうけど、私は絶対に帰るのは嫌なのです」

「それにしても、こんなところにいるの危険なんじゃないの？」

しかしダンサーはその答を英語に直せなかった。試みに名を聞いてみると、はっきり答える。もし私がその筋の者だったらどうするのか、私のほうが心配になってくるほど、彼女は無防備なのである。

「なぜ広東が嫌になったの」

私は話題を変えてみた。中共政治下の広東の様子を聞いてみようと思ったのだ。彼女はにわかに雄弁になった。

「私が小さい時、日本兵が私の家にも来て、豚や鶏をもっていきましたが、私達にああしろこうしろと命令なんかしませんでした。それが、中共兵が入ってくると、まず四人の兄弟が全部、無理やりに働かされるようになったのです。それればかりか鶏一羽潰すにも政府の許可がいるし、その上、一年前までは口紅も禁止、顔にお白粉をつけてもいけないと、私達の生活をすごく束縛するのです。私のような若い女のいるところじゃありませんわ」といかにも若い女らしい憤慨ぶりである。私は彼女の化粧の濃いのに気がついた。白い細い指も美しくマニキュアをしている。

「あなたは、広東では何をしていたの」

「私？　何もしてませんでした。兄弟が四人労働についているから、女の私は働かなくてもよかったのです。だから、家でぶらぶらしていたのですが、マカオに来ても何もできないからダンサーになりましたの」

「ダンサーだけで食べてゆけるの」

「とてもやってゆけませんわ。女一人で生活するって大変なことですのよ。まず、家を借りるのに八〇ドル、汚ない家だともっと安いけど。それにアマ（召使い）に四〇ドル……」

「ここでは、いくらぐらい収入があるの？」

「だいたい四〇〇ドルぐらいです。一時間につき六元（六マカオ・ドル）で一日六時間なのですが、売れっ子ならフルにお客もつくけど、私はまだ新しいから四〇〇ドルぐらいにしかならないのです。ところが生活に五〇〇ドルはかかるから苦しくって……」

私は異郷で親兄弟と離れて、苦労しながら一人で生活している彼女が少し気の毒になってきた。それで、いったいいくらぐらいあればマカオでは普通にやってゆけるのかと思っ

て聞いてみると、

「三〇〇ドルぐらいかしら」

と彼女は平然としていうのである。とすると彼女は楽なほうではないか。私は腹が立つよりむしろあきれてしまった。召使いを置いたり、綺麗な家に住んだり、こってりお化粧をしたり、つまりもっと贅沢な暮らしをしようとするから彼女は「苦しくって、やってゆけない」のである。彼女は大変正直そうな、悪気のない顔をしているが、少しクレイジーなのだと私は思った。

「広東ではダンスなんかできるの?」

「いいえ、そんなことのできる空気じゃないんです。私はマカオに来てから、ここのマネージャーに教わりました」

「英語は?」

「広東で少し勉強しましたけど、喋ったことはなかったので、今、ここでお客さんから習っているんです」

女は呑気そうな顔をして笑った。私は時間もきたので立ち上がった。そしてお金はタダでもらえるものだという甘い観念をもたないように、きっちり六元を払い、わざとノー・チップで別れを告げた。その時、ちょうど入ってきた白人が彼女を見て、「ハロー、マリー」と大声で呼ぶと、彼女は「オー、××××」というなり走っていってその男にすがりついた。

私はその後ろ姿を見ながら思ったものだ。もしアメリカの若いGIがここまで進駐していたら、彼女は後ろも見ず、手に手をとってアメリカ本土に渡っていったであろう。口紅もお白粉も自由な国へ。

私は少し淋しくなった。

私はまたぶらぶらと階段を降りていった。京劇の劇場のある四階も過ぎ、食堂のある二階まで来ると、食堂のど真中は一階からふき抜けになっているらしく、二、三人の中国人がヒモで何かをたぐっているのが見えた。何事かと思って見ていると、ヒモの先にザルがついていて、彼等はザルからジャラジャラお金を出した。下を見ると一階も賭博場である。

一〇階がいわゆる旅行者用のハイクラスな賭博場であって、一階は土地の労働階級の遊び場なのである。二階でザルをたぐり上げていた人達は、よく見ると食事をしながら下を見て、今度はあそこにいくら賭けろとか、もうかったとか損をしたとか興奮して喋っている。ラスベガスでもマニラでも飲みながら賭博する光景は再三見たが、中国料理をつつきながらの賭博は私にもはじめてで、さっぱりしない感じである。しかし、ここでは一〇階のように札ビラを切るというようなことはなく、すべて小銭なのである。そして、少なくとも一〇階よりは活気がみなぎっていた。

どうやら、旅行者とか、お金持ちのゆくところはいかさないことが世界共通のようである。そう思いながら私は再び静寂なマカオの夜の街に出て聖ポール天主堂跡のほうへ歩いていった。


聖ポール大聖堂はいまだに正面だけを残しているが、このファサードは日本の鎖国と前後して中国大陸へ渡ったクリスチャンの追放者達が協力して、一六三〇年代に完成させたものである。

当時、マカオにはクリスチャンの追放者達が約四〇〇人と、日本から奴隷として連れていかれた者も相当数いたというから、日本人はかなりいたに違いない。

マカオは、一五五〇年代にポルトガル人の居住するところとなり、一八八七年にリスボンで結ばれた通商条約によってポルトガルが中国から永久管理権を獲得しているが、四〇〇年を越える歴史をもつ国だけに、プロテスタント墓地にはなかなか由緒深い墓石が並んでいた。

故国を遠く離れて昇天した貴族も、そして水兵も、何百年か前の年号をその古い石に刻みつけ、同じ墓地に静かに眠っている。その中にはウィンストン・チャーチルの先祖である英国軍艦のキャプテンであった人の墓もあり、初代香港領事の米人トーマス・ウィルソンの墓もあった。また、新旧約聖書を中国語に訳し、はじめて英中辞書を編纂したロバート・モリソンの墓もここにある。当時、外国人は中国語を習うことを禁じられていたがモリソンはひそんでくる中国人から、文字通り命を賭して中国語を習得したのである。

しかし中でも特に私の目を引いたのは宣教師の妻の墓であった。赤子の出生と同時に死去したらしく切々たる追悼句の刻まれたものであったが、おそらく故郷にいたら死ぬようなことはなかったであろうと思われた。

どこの国にも悲しい話や伝説はあるものである。私が媽閣廟《マーコミュウ》に訪れた時、案内してくれた人がこんな話をしてくれた。

「マカオがその昔、マ・マと呼ばれていた頃、漁に出た船がいくら待っても帰ってこない。次の漁船もその次のも出漁したきり、帰ってこないことがありました。きっと海の魔工が引きずりこんでしまうのだろう、人々はそう噂して漁に出るのを怖がったものですが、漁に出なければ家族の者が飢え死にしてしまう。そのため必死の思いで出かけた最後の一隻の漁船が、やがて怖れていたように大波にもまれ、まさに沈没せんとした時、突然、女神阿媽《アマ》が現われ船を救ってくれたという話があります。そして、その時の漁師達がお礼として女神のために建てたのが、この媽閣廟で、その名が後に転じてこの地がマカオと呼ばれるようになったということです」

　現在、媽閣廟は中国との境界にあり、その門の前は中国兵とポルトガル兵が相互に境界線を維持しているため、見物人はその側まで行けるが、カメラは禁止されている。

　私が見物に行っていた時、マカオで死んだ老婆が今はもう先祖の墓に入るべく、楽隊付きのはなやかな葬式の隊列に守られてくるのを見たが、銃剣の間を通って行く時は楽隊も演奏するのはやめ、それだけにその一行はひどくわびしく痛ましく見えたのであった。おそらく老婆にとっては祖国の風習の通りに楽隊付きの葬列に守られて、最後まではなやかに続けることが終生の願いであったろうに。

　私はそんなことを考えながら、キラキラ光る銃剣をうとましく眺めたのであった。

# Ⅵ　ホンコン

# 香港の歴史

台湾はもちろん、タイ、フィリピン、マカオと私が歩いてきた国々は、それぞれ遠い過去に日本人と何らかの関係があったのに、ここ香港だけは何もないことに、私は思いあたった。しかし、その歴史を見てみれば関係のないのも当たり前で、英国がこの島を領有した一八四一年頃はわが国は鎖国時代だったし、しかもこの島は中国の県誌にも記載されていなかったほどの小さな漁村であり、またその付近は海賊の巣窟でもあったのだ。昔の日本人もこんな島があることすら知らなかったに違いない。香港の今日の重要性を見る時に、かかる小島に価値を見出し、わずか百年の間に世界的な大都会を築き上げた英国人の見識と努力とは高く評価されるべきであろう。

英国は阿片戦争で香港島を領有し、さらにアロー号事件による第二次阿片戦争で一八六〇年には九龍城の割譲を受け、一八九八年には九龍半島を九九年の期限つきで租借している（注：一九九七年に中国へ返還）。

今香港といっているのは、この地域一帯を総称して呼んでいるのである。

今日、香港を訪れる人には、ここがもと一寒村であったとはとても想像できないほど見事な都会になっている。シックな一六世紀ポルトガルふうなつくりの三階建てのビルが海岸べりに並び、ここにも古いヨーロッパが移り住んでいるが、最近では人口の急激な増加にともなってアメリカ建築のノッペラ棒スタイルの高層アパートも多く建築中で、香港もまたこれまでまわってきた他の諸国と同じく、時代の波に巻きこまれているようにも思えた。

「二年ばかり前まではいつ中共に奪還されるかと恐れていたのが、欧米諸国の中共承認とともに、当分中央も手を出すまいとの見通しが強まってきて、利にさとい華僑がどんどん投資して巨大なビルを建て始めたのです。そのほかにも都市計画の実施とか、病院、水道の建設などが併行して行なわれつつあるので、昨今の香港九龍地区は土木建築の一大ブームを現出しています」

私を案内してくれたKさんは、そういって今日の香港の隆盛を説明してくれた。

昔は海賊の巣窟だったといわれる香港仔《アバディーン》は、香港という地名の発祥地だといわれるが、現在は漁港になっており、港内には料理店になっている大きな船が二隻並べられ、岸から客が主に女のこぐサンパンという小船で運ばれていた。アバディーンという地名はおそらくスコットランド人がつけたのだと思われる。バイロンが幼時を過ごしたのも同じスコットランドのアバディーンという町なのである。

英国が九九年の期限つきで租借している地域は新界とも呼ばれ、東京をイーストシティと訳さないように、ここも特に訳す必要はなさそうなほど固有名詞化されている。自動車で約四時間ほどで一まわりできるが、途中避難民の多い漁村で下車した際、私は子供達につかまってカメラをもぎとられそうになったことがあったが、運転手が咄嗟に小銭を遠くに投げると、子供達はそちらに走っていったので助かった。

香港の性格がコスモポリタンシティ(国際自由都市)であるため、大陸や台湾に望みを捨てた人達は皆、ここかマカオになだれこんでくるのである。終戦後香港に出入する避難民の数は百万に上ったといわれ、一時は香港側の日常生活を圧迫するまでになったので入国制限を強化したこともあるという。現在は香港は一平方キロに二五〇〇人という人口密度なのである。そういうところだから、ここも新旧、東西、貧富が混在している。

私が滞在していたペニンシュラホテルで一夜パーティが開かれたことがあったが、続々と乗りつけられる車から、イヴニングガウンの淑女達が酔っぱらったまま、ハイボールのグラスを手にして嬌声をあげながら降りてきたり、勲章をつけた紳士などが勿体をつけて集まってきたが、すぐ傍らの渡し場には道路に目を落して膝を抱えこんだままふるえている中国人を見ることができるのであった。

ヨーロッパの侵略を受けた国にはよく見かけられたが、このところ急激に増えたという乞食（中共から逃れてきた者が多いそうだが）に服をつかまれせがまれると、彼等の顔が日本人によく似ているためか、私はすげなく振り切ることのできない気がするのだった。

# バーゲンセールの醍醐味

明後日は日本に帰るという日の午後、私は香港の銀座通りともいうべきクイーンロードに行ってみた。買物をするためである。ここの商店の大部分は例によって華僑が握っているそうであるが、香港が自由港でありいろいろな外国商品が輸入できるせいか、店頭に並んだ商品の数と種類は実に豊富である。たとえば香水、時計、写真機、煙草、それに洋服類、それらがひどく安いのである。定価通りに買う人はいない。必ず値引きさせる。品物はすべて値引きを前提として定価がつけられているのだ。

実は私、香港はこれで二度目であったが、最初の時はそういうことは知ってはいたもののどのくらい負けさせればよいのか見当もつかなかったものだ。たとえば、「私の店は、ワン・プライスです」といわれると、負けさせるなんて失礼であると思われたし、「マダム、これが最低線です」といわれると、そのまま疑いもなく信用してしまっていたのである。だから、最初の時は帰国後、私の友人にこういったものである。

「たとえばあなたが億万長者で、首のまわりをベッタリとダイヤで飾りたいと思うわね。そういう時は東京なんかより、香港に飛んでいって宝石屋めぐりをやると、お気に入りのものが東京で注文してつくらせるよりずっと安く買え、飛行機賃を出してなおおつりがくるってことがありうるのよ。つまり、一〇〇万円のものなら九〇万円で買えるというわけよ。だけど、二〇万円のものは一〇万円にはならないし、私達の買物ってせいぜい五千円ぐらいでしょう。かりに二千円安く買ったところで、滞在費と交通費を考えたら、高くついちゃうわ」

けれど今回は、ちょっと事情が違っている。香港では値切れば値切るほど安くなり、値切らなければ損だと聞いていたし、同じ華僑が店をはっているタイなどで、私は値引きさせることにすっかり味をしめていたからだ。私はだいたい買物がひどく下手なのだ。外国で感心して買ってきた家庭用品などが、帰国後、東京のデパートに行ってみるとうんと安い値で並んでいたりすることは少なくないのである。

しかし、その時は私には自信があった。クイーンロードのお店に、私が前回の香港滞在中に買いたくてたまらなかったコートが、銀座あたりの半値であることに確証をもっていたのだ。

この前はそのコートを帰京間際に見つけ、定価には二、三ドルお金が足りなかったが有り金全部をさらし、勇気を出して売ってくれと頼んだのに、「ノー、負けられません」と断られたのだ。本当はそれで引き下がるべきではなかったのに、その時の私はトボトボと帰ってきたのである。そういう事情もあったから、今回は、私は異常な決意に燃えて、折からの雨にずぶぬれになりながらもその店の前に立ったのだが——。

あった。まったく同じレモン色のコートが、以前と同じ二二〇ドルの値段票をつけて店の中に飾ってあるのだ。

私は売り子を手招きし、自分のサイズをいい、買う気をたっぷり示していった。

「どのくらいになるの?」

すると売り子はあっさりいうのだ。

「今シーズンオフだから二百ドルでお売りしています」

私はしめたと思った。するとずんと大胆になれた。

「去年、これは一八〇ドルで売っていたけど」

「そうですか」

頼りないくらいに売り子は否定をしないのだ。そして、ちょっと待ってくれといい、奥の部屋に入り相談していたが、やがて出てきたのが去年、私をこの店からシャットアウトした、あの因業親爺のしぶとそうな顔なのである。

「マドモアゼル、一八〇ドルは無理です。どうです、間をとって一九〇ドルでしめましょう」

親爺はいきなりこう浴びせてきた。私も去年の私とは違う。

「あら、去年は一八〇ドルといったし、今はシーズンオフじゃないの。とにかく私は一八〇ドルで買うつもりで、それだけのお金しかもっていないわ」

「ノー、絶対にそんなに安く売ることはできません」彼は断固といいきるのだ。けれど、

「しかしマドモアゼル、あなたはドル以外のお金をもっているに違いない。私どもはアメリカドルでもペソでもよろしいのです」というのである。私は去年と同じセリフを用いた。

「一八〇ドル以外にはお金は全然ないの。あるのは飛行機の切符だけなの。もう後は東京に帰るだけなんだから」

私は、しかし、このコートは絶対に自分のものにしないではおれないほど首ったけになっていた。その気配を察したのか、因業親爺は私の懇願に対してニベもなく「ノー」を繰り返すばかり。そうすると私も私、たった今ほかのお金はないといいきったのに、財布を出して、手もちの香港ドル以外のお金をジャラジャラと出して、これでどうかという一枚舌ぶり。まさに虚々実々の駆け引きなのだ。

すると親爺はこうなるのはわかっていたといわんばかりにサッとお金を引きとり、まったく小銭まで丹念に数え、巨大なソロバンで計算し始める。それらは合計五ドル分もあったであろうか。

「ようがす。お売りしましょう」

しばらく考えるふりをした後で彼はいった。そして、サンキューもいわずに売り子に何か命ずると、サッとお金を握って奥に入ってしまった。

私は〝御満悦〟であった。二二〇ドルでも買ったかもしれないところを一八五ドルで手に入れたのだ。私は雨にぬれて寒かったせいもあったが、それよりも一刻も早く待望のコートを身につけたいと思い、売り子が包装していたのをわざわざとめて、コートを着て得々と店を出たのであった。

ところが、それが大失敗だったのだ。おごれるものは久しからず、私はよせばいいのに他の店をひやかし半分にのぞき、たまたまその店に私が買ったのと同じコートが飾ってあったので値段票を見ると…………一四〇ドルなのである！

私はショックを受け、思わず声をあげた。

「こ、これ一四〇ドルなの！」

すると、その店の売り子は狼狽気味にこういうのだ。

「お高うございますか？　今、シーズンオフなので二〇ドル負けて一二〇ドルでお売りしておりますが、なんならもっとお引きしてもよろしゅうございます」

こうなると女はあさはかなものだ。私はジンジンしてきた頭を抱え、ヒステリックに叫んでしまった。

「私、これをたった今、一八五ドルで買いましたのよ」

「おお、一八五ドルで」

すべてを一瞬に了解した売り子は、気の毒そうに私を見つめるばかりであった。するともう一人の女の売り子がツカツカとやってきて、いってくれたのだ。

「今買ったのなら返していらっしゃい。着たなんて、わかりはしないわよ」

わかるもわからないもない。私は前の店で、売り子の目の前で得意になって着てみせ、鏡を見せてくれとまでいってきたのである。

――私が買物をしたら、その店で絶対に身につけないことをモットーにしたのは、それ以後である。

しかし、この一件は私を買物の鬼に変化させた。悲願の買いたたきを始めたのである。

「これいくら？」

「四〇ドルです」

「高いわ。二〇ドルでなきゃ買わない」

「オッケー、負けましょう」

これなどはもっとも簡単にいったうちの一つである。私は思わず最初の値を聞き違えたのではないかとさえ思ったものだ。

しかし、敵がこの調子なら、もっと負けさせられるはずだと考えた私は、その日はもちろん、その翌日も翌々日も商店街荒らし（?）を試みたのだ。連日の雨で仕事はできず、ホテルの近所は店だらけだし、たたきの練習にはこの上ない条件を備えていたのだ。

たとえばこんなことがあった。

私がある時、宝石店でトパーズのイヤリングを見ていた。母がトパーズを好きなので何気なく眺めていたのだ。すると、ひょろ長い親爺が出てきて、

「どうだ四〇ドルで買わないか」

と話しかけてきた。

私が指輪もあるかと聞くと、親爺はもう大慌てで、私を店内に招き入れセットにして見せ、全部で八〇ドルだという。私にはお金もなかったし、さほど欲しくもなかったので、

「全部で三〇ドルなら買うわ」

なんてデタラメをいうと、とんでもないといいながらも三ドル五ドルと徐々に値をトげていく。私は財布の事情もあり、面倒くさくもなって、途中で商談をご破算にして店を出てしまった。

ところが、偶然店先で、飛行機で一緒だったアメリカ人に会って、彼がトパーズのイヤリングを買いたいというのを聞いたのである。内心しめたと思った私は、人のお金でたきをやらせてもらえると、

「私が喜んでお手伝いしましょう」

などと体裁のよい事をいったのだ。

とにかく、アメリカ人と日本人は最大のカモだといわれているくらいだ。アメリカ人は高価なもの（といって質のよいものというわけではない）を買うが、日本人は高かろうが安かろうが量で買っていくのだそうだ。だから日本人だと商人に悟られると、絶対に負けてくれない。負けないでも買ってしまうからである。ましてやアメリカ人など、しぼられ放題なのである。

かのアメリカ人もそれを知っていると見えて、じゃ自分はあなたの傍らで知らんふりをして見ているから頼む、ということになった。またさっきの店に逆戻り。二人は見知らぬ者同士のように入っていった。

親爺はニコニコしながら、また例のトパーズを広げてみせた。私は依然として三〇ドルの線から出ないでいると、親爺はついに五〇ドルまで下げてきた。われわれの商談は白紙に数字を書いてゆくというやり方だ。が結局商談はまた決裂した。

私が外に出るとアメリカ人がついてきて、どうして買わないのかと聞く。彼には充分満足のいく値らしかったが、私は親爺はまだまだ値引きすると判断していた。意地も手伝っていたのかもしれない。

「明日の朝早く行きましょう」と私はいった。「商人は、一番はじめの客に買わずに出られると縁起が悪いといいますから、そのジンクスをねらうのです」

私にしてみればその場だけの理屈だったが、彼はさかんに感心していた。そういえば日本の商人はそういう縁起をかつぐようだと、私はあらためて思った。中国人は時々妙なところが日本人に似ているから、この縁起は中国人にも適用できるかもしれない。

かくて翌朝、私は雨の降ったりやんだりする中を、その店に飛びこんだのだ。くだんの親爺は昨夜のもめごとなど忘れたように愛嬌のある顔で、

「おはようございます」

と声をかけてきた。

「どう？　負ける決心した？」

私は冗談のようにいった。すると彼は両手で私をさし招き、もう一度お話ししましょうという。そして昨夜一晩考えたが（と大げさな事をいって）四〇ドルなら売ることにしたが、それ以下には絶対にしないという。またまたそれですったもんだやっていると、アメリカ人がしびれをきらしたのか、

「二人でそんなことをいってないで、私がここに五ドル進呈するから二人で歩みよったらどうか」

と余計な（？）口を出した。すると親爺はパッと目を輝かせて、「オッケー、オッケー」というではないか。

ついに八〇ドルから三五ドル。私の悲願、半値以下の値引きは成功したのである。親爺はさっと包むと、最高の笑顔で、「サンキュー・ベリー・マッチ」といってくれた。これでもまだもうかっているということなのだろう。

外に出るとアメリカ人は、

「さあ、ワイフにお土産ができたぞ。トパーズのセットに、もう一つは僕がバーゲンした（負けせたということ）というお話だ。サンキュー、カオル」

とほがらかに口笛をふき始め、今晩、浮いたぶんを飲もうじゃないかと大張りきりである。

しかし私にしてみれば奇妙な気持ちであった。これじゃ香港は物が安いということを実証したというよりも、今まで買った物のすべてが、ひどく暴利をむさぼられていたということになるからであった。

後日、香港に関するある本を読んでいたら、バーゲンはお客が喜ぶ以上に商人が喜んでいる、と書いてあった。さもありなんであろうと私は思った。この面白さにつられてついに買物に出かけて買ってしまう人は多いに違いない。そしてまた多少なりとも負かした時の気持ちのよさは、まさに香港ショッピングの醍醐味である。商人はそれをちゃんと心得ているのであろう。

# 初版　あとがき

はじめは、これまでに行ったすべての国について書くつもりだった私は、結局、ロサンゼルスで留学生として過ごした三年間の記録と、四、五日から一週間ずつ慌ただしくまわってきた東南アジア諸国の見聞記を書いただけで終わってしまった。私は無理にでもヨーロッパ諸国の印象記を入れるべきかとも考えた。しかし、派手な効果をねらって多くの国の事柄をこまぎれのまま並べるよりも、地味でもまとまった内容にしたほうが親切ではなかろうかと思ったのである。

東南アジア諸国に多くのページをさいたのは、ごく最近行ってきたことであり、その印象が鮮明であるせいもあるが、それよりも日本人が隣国ともいうべきこれらの国のことを意外に知らないことに気づき、これではいけないと痛感したからである。私達はもっとこれら日本の力を必要とする国々の事情を知るべきだ、私はそういう思いをこめて筆を進めたのだが、意余って力足らずの結果になってしまったかもしれない。よく、その国を知るには滞在三日以内か、三〇年以上でなければ答えは出ないといわれるが、そういう意味では、私は半端な旅行者であったといえるであろう。

しかし私は、各国を文字通り飛び歩いてみてつくづく感じたものだ。地球はどんどん狭くなっていく、と。今やロケットが月に到達する時代である。一〇年後には、いやもっと早く、今私達が東京から大阪へ行くような気持ちで、東南アジアはおろか、世界各国に行くことができるようになるかもしれないのである。そういう時のために、この本が少しでも役に立てば、私はそんなことを考えながら、そして自分でも楽しみながらこの原稿を書いたのである。そんな私の気持ちが少しでも読者に伝われば幸せである。

最後に、私の旅に多大の援助を与えてくださったジャパン・タイムズ、毎日新聞、新潮社、ラジオ東京の各社、ＰＡＡ、ＳＡＳ、ＣＡＴ各航空会社に深く感謝の意を表わしたい。

兼高かおる

一九五九年九月

## 編集部より　新装版によせて

本書は一九五九年一〇月に、光書房から刊行された『世界とびある記』を新装版化したものです。原書は兼高かおるさんの記念すべき処女作です。この年、現在のＴＢＳラジオで著者がインタビュアーを務める『世界とびある記』がはじまり、好評を得て、同年一二月にはテレビ番組『世界飛び歩き』（翌年に『兼高かおる 世界の旅』に改題）へと発展します。著者の人生が大きく花開く時期に書かれた本書は、文章も溌溂としており、明るい予感に満ちています。

著者は二〇一九年一月に逝去されました。その一カ月前に、「来年は『世界の旅』がはじまって六〇周年ですから記念の本を出しましょう」と申し上げると、「そうね」とおっしゃっていたのですが、その直後でした。残念ではありますが、著者は常々、「わたくしは、とてもいい時を過ごさせていただきました。これ以上の人生って、いったい何があったかしら」とおっしゃっていたので、ご自分の人生には十二分に満足されていたことと存じます。

本書は原書をＯＣＲソフトで一ページずつ読み込み、文字を一つずつ付き合わせていく作業を経て完成しました。地味な作業でしたが、著者のお喋りをじかに聞いているような、とても楽しい時間でした。あの美しい声や、弾むような笑い声が、耳元でよみがえる気がしました。

読者の皆様にも、そのように感じていただければ幸いです。

●著者略歴

## 兼高かおる（かねたか かおる）

1928年神戸市生まれ。1954年に米国ロサンゼルス市立大学に留学。帰国後はジャーナリストとしてジャパンタイムスなどに寄稿。1959年から1990年まで、テレビ番組『兼高かおる世界の旅』（TBS系）をディレクター兼プロデューサー、ナレーターとして製作。取材国は約150か国にのぼり、地球を約180周、1年の半分を海外取材に費やした。外務大臣表彰、菊池寛賞、文化庁芸術選奨、国土交通大臣特別表彰など、受賞多数。1991年紫綬褒章受章。「横浜人形の家」館長、日本旅行作家協会名誉会長、淡路ワールドパークONOKORO「兼高かおる旅の資料館」名誉館長、東京都港区国際交流協会会長などを歴任。2019年1月5日逝去。著書に『わたくしが旅から学んだこと』（小学館）など、曽野綾子氏との共著に『わたくしたちの旅のかたち』（秀和システム）がある。

# [新装版] 世界とびある記

2019年３月16日　第１刷発行

著　者　　兼高 かおる
発行者　　唐津 隆
発行所　　株式会社ビジネス社
〒162-0805　東京都新宿区矢来町114番地 神楽坂高橋ビル5階
電話　03-5227-1602　FAX　03-5227-1603
http://www.business-sha.co.jp

印刷・製本／三松堂株式会社　〈カバーデザイン〉ナカジマブイチ（BOOLAB.）
〈本文組版〉茂呂田剛（エムアンドケイ）〈編集協力〉川崎純子　〈イラスト〉小沢陽子
〈編集担当〉山浦秀紀　〈営業担当〉山口健志

乱丁・落丁本はお取り替えいたします。
ISBN978-4-8284-2085-1